经理人下午茶系列 13

精明招聘

——赢得竞争优势

《哈佛管理前沿》
《哈佛管理通讯》 编辑组 编

王彦敏 李国东 译

商 务 印 书 馆
2008 年 · 北京

Hiring Smart for Competitive Advantage

Original work copyright © Harvard Business School Publishing Corporation

Published by arrangement with Harvard Business School Press.

图书在版编目(CIP)数据

精明招聘——赢得竞争优势/《哈佛管理前沿》,《哈佛管理通讯》编辑组编;王彦敏,李国东译. —北京:商务印书馆,2008
(经理人下午茶系列)
ISBN 978 - 7 - 100 - 05438 - 6

I. 精… II. ①哈…②哈…③王…④李… III. 企业—招聘—基本知识 IV. F272.92

中国版本图书馆 CIP 数据核字(2007)第 039388 号

精 明 招 聘
——赢得竞争优势
《哈佛管理前沿》《哈佛管理通讯》编辑组 编

王彦敏 李国东 译

商 务 印 书 馆 出 版
(北京王府井大街36号 邮政编码 100710)
商 务 印 书 馆 发 行
北 京 瑞 古 冠 中 印 刷 厂 印 刷
ISBN 978 - 7 - 100 - 05438 - 6

2008 年 2 月第 1 版	开本 650×1000 1/16
2008 年 2 月北京第 1 次印刷	印张 11¾
印数 5 000 册	

定价:30.00 元

致 中 国 读 者

　　哈佛商学院经管图书简体中文版的出版使我十分高兴。2003年冬天,中国出版界朋友的到访,给我留下十分深刻的印象。当时,我们谈了许多,我向他们全面介绍了哈佛商学院和哈佛商学院出版公司,也安排他们去了我们的课堂。从与他们的交谈中,我了解到中国出版集团旗下的商务印书馆,是一个历史悠久、使命感很强的出版机构。后来,我从我的母亲那里了解到更多的情况。她告诉我,商务印书馆很有名,她在中学、大学里念过的书,大多都是由商务印书馆出版的。联想到与中国出版界朋友们的交流,我对商务印书馆产生了由衷的敬意,并为后来我们达成合作协议、成为战略合作伙伴而深感自豪。

　　哈佛商学院是一所具有高度使命感的商学院,以培养杰出商界领袖为宗旨。作为哈佛商学院的四大部门之一,哈佛商学院出版公司延续着哈佛商学院的使命,致力于改善管理实践。迄今,我们已出版了大量具有突破性管理理念的图书,我们的许多作者都是世界著名的职业经理人和学者,这些图书在美国乃至全球都已产生了重大影响。我相信这些优秀的管理图书,通过商务印书馆的翻译出版,也会服务于中国的职业经理人和中国的管理实践。

I

20多年前，我结束了学生生涯，离开哈佛商学院的校园走向社会。哈佛商学院的出版物给了我很多知识和力量，对我的职业生涯产生过许多重要影响。我希望中国的读者也喜欢这些图书，并将从中获取的知识运用于自己的职业发展和管理实践。过去哈佛商学院的出版物曾给了我许多帮助，今天，作为哈佛商学院出版公司的首席执行官，我有一种更强烈的使命感，即出版更多更好的读物，以服务于包括中国读者在内的职业经理人。

在这么短的时间内，翻译出版这一系列图书，不是一件容易的事情。我对所有参与这项翻译出版工作的商务印书馆的工作人员，以及我们的译者，表示诚挚的谢意。没有他们的努力，这一切都是不可能的。

哈佛商学院出版公司总裁兼首席执行官

万季美

目录

CONTENTS

引　言

　　为了确保你的公司能够成功,你能采取的最有价值的策略是什么呢? 是要选对人。当你选择了尽可能最合适的应聘者,他们或者作为普通雇员,或者担任某个单位部门的领导,或者作为临时扩编的顾问,对你的团队以个体之所能有所贡献时,你便在为你的部门和公司创造着价值。组建一支顶尖的工作团队,可以使你的组织实现:

➤ 制定出高水平的、有竞争力的战略

➤ 推动新的成长,在与对手的竞争中夺取更多的
　市场份额

➤ 提供新的创新产品和服务

➤ 在业务领域中抓住市场变化带来的机会,例如
　新技术的出现和客户的需求变化等

➤ 当出现前任退休或工作轮换时,可以做到新领

导工作的平稳过渡

显然，"精明招聘"可以给你的公司带来超越对手的显著的竞争优势，在残酷竞争的时代，这一点变得越来越重要。同样重要的是，它能够使你建立起良好的口碑，被尊为管理天才，从而也推动你个人的职业向前发展。当然，随着选择优秀员工变得越来越关键，在纷繁变化的商海中，这项工作也面临着更大的挑战。

精明招聘：比以往更加重要、更有挑战性

在组织的各个层级中，"精明招聘"比以往要重要而复杂得多。具体原因有如下几个方面：第一，知识时代已经来临，过去公司之间的竞争通常基于物质资产，如工厂、设备，以及其他有形资产，而如今更多的是基于无形资产的竞争，如雇用的人才以及这些人才所拥有的知识和技能。因此，在招聘管理人员时，一方面必须清楚地了解目标职位对应聘者能力的要求，同时还必须采用新的方法对应聘者是否胜任作出评定。

第二，组织文化已经发生了本质的改变。在许多公司里，原来基于命令和控制的权威等级关系已经让位于富有开拓精神的、职能互补的团队。在这种团队

中,员工须对那些没有正式权限管理的人施加影响力。这些变化要求员工要有良好的合作能力,充分运用非正式权力的能力,还要充满活力、创新互动,彰显团队合作。因此,公司寻找的人才不仅要具备工作本身需要的专业技能,还要具备能激发团队合作文化的个性特征(通常很难找到)。

第三,工作团队的组成形式也在改变。为了灵活应对不断增加的、大量的契约性工作,很多公司雇用临时雇员(包括顾问)来扩充传统的团队。此外,为了从人才库中选出合适的个体贡献者、经理人、高层管理人才,组织在大胆地探究是否起用那些以前根本不予考虑的人,比如那些有残疾的或临时兼职的人。雇用临时的以及其他非常规的人才会给公司带来很大风险,但同时也要求管理者掌握新的方法和技巧,来评估并选出合适的人才。

最后,互联网给我们提供了搜寻、筛选人才的新渠道。对于招聘经理来说,从很多角度来看,这都是好消息。比如,网络极大地提高了候选人的数量,拓宽了选择范围。但是,通过网络来寻找人才也面临一些挑战。例如,招聘者会错误地关注那些"积极主动的"应聘者(在线提交简历的),而忽略那些更有价值的"被动的"候选人(那些资历不错的人才因而会被其他公司抢走)。

所有这些变化都要求管理者要启用全新的思路开

展招聘工作,从重新定义职位要求,到重新评估面试方法,积极地战略性地利用互联网选拔那些个性与己不同的人。就管理者自身而言,每项这种变化都给他们带来了很大的挑战,特别是当今天的管理者们感到已被责任的大山埋没的时候。把所有这些变化汇集在一起,你会理解有一种被淹没的感觉。

本书为人们提供了有效的指导和策略,以应对在招聘过程中呈现的变幻多端的形势。全书由四个部分组成,精选的文章都针对以上提到的在招聘中主要的挑战。下面看看通过阅读本书你将会发现什么。

砺炼你的面试技巧

面试经理以前会问"你未来五年的规划是什么?"或者问"你最突出的优势和劣势是什么?"如今这个时代已经过去了。现在,无论在面试前、面试过程中,还是面试结束后,都需要一种全新的方法,从那些坐在你对面、心怀希望的求职者身上挖掘出正确的信息。

商业作家皮埃尔·莫奈尔(Pierre Mornell)就"如何将招聘的重担转移到求职者本人身上"的论述开启了本书的第一部分。在他看来,繁忙的招聘经理们要节省花在面试上的时间,只需就每一次面试做好充分的准备、引导和分析。

例如，在前期准备阶段，让求职者提交一份求职信，附上自己的简历，也可以要求他们浏览公司的网页，写下他们的感想。然后根据求职信和笔记来评估其书面沟通能力。在面试的过程中，可以问如下一些问题："对于任何一个组织来说，你觉得你所能提供的最大贡献是什么？""就你目前的职位而言，你满意和不满意的三点各是什么？""你什么时候失败过，你是如何处理这种经历的？"面试结束后，通过给应聘者一个小作业，来进一步收集关于其能力的更多信息。

在"进行一次成功的招聘面试"这一章，商业作家迈克尔·哈特斯利（Michael Hattersley）提供了一些补充性建议。例如，为了避免大多数应聘者提前针对一些典型的问题准备好现成的一套答案，作者建议提一些新的问题，使应聘者不能提前准备。另外，作者还建议，在找推荐人进行求证的过程中要留意红色警示，比如对方话音中的迟疑，或者当听到应聘者正在被考虑录用的消息时突然出现的吃惊反应。此外，还建议重点考察应聘者过去的工作背景，确认他是否具备职位本身所需要的基本经验、技能和专业技术知识。在面试的过程中，要确保控制局面的是你，你来问问题而不是应聘者。要少说多听，同时，要提防那些善于伪装的人，他们往往会展现出你所期望其所具有的能力。

在"应用案例面试来提高录用水平"这篇文章里，执行和组织发展专家梅利莎·拉弗妮（Melissa Raffoni）

改变了从关注面试整个过程到评估应聘者技能的战略高层指导。通过案例面试,向应聘者描述一个在现实工作中可能会遇到的商务难题,比如可以问应聘者在开展新业务时,他将采取什么样的策略,也可以提问关于如何开发新产品,或者如何扭转不利的局面的问题。在面试的过程中,应聘者会被问到一系列的问题,并最终给出问题的答案。

案例面试有很多好处:它可以使你发现在很少有准备的前提下,应聘者的大脑是如何工作的,同时你可以评估面试者的战略思考技能、分析能力以及沟通能力;在问题解决过程中,案例面试还可以让应聘者更好地理解工作内容。

在你有必要鼓励应聘者展示他们自己重要信息的同时,在面试过程中你也一定要传递你的管理能力。通过这种方式,你在帮助应聘者分析潜在的匹配和人际关系,这些都是他们在向你报告时要经历的。如果应聘者在面试过程中没有问到类似的问题,你需要通过一定的方式告诉他们。

最后,"和里奇·韦林斯(Rich Wellins)一起面试你未来的主管"列出了需要传递给求职者的具体信息。例如,描述一下你是如何帮助下属实现他们的职业目标,同时给出一些你常用技巧方面的例子来提高团队的合作水平。贯穿在面试过程中,通过目光交流、回答问题,以及倾听思考等方式来表达对求职者的真诚的

兴趣和尊重。

在面试过程中，了解哪些问题不能问和知道问什么一样重要。为什么呢？有些问题是完全不合法的，同时这些问题可能使你的公司卷入诉讼官司中，比如性问题、种族问题、信仰、年龄歧视以及能力歧视。"不要提问这些问题——招聘过程中如何避免触犯法律"列出了在面试中可能问到的"最糟糕的九个问题"。这些问题包括"你多大了？""你结婚了吗？""你关注什么宗教节日？""你的母语是什么？""你被捕过吗？"还有"你有身体残疾吗？"

最安全的避免提问错误问题的途径是向人事部门和法律部门确认面试大纲，了解地方、国家和联邦的反歧视法律。

评估求职者的文化适应性

商业作家戴维·斯托弗（David Stauffer）在"关注文化适应——为什么仅仅聘请优秀的人才还不够？"中提到，求职者完全符合一份工作要求的定义已经超越了在一份标准的简历中所列出的那些能力和技能。进一步说，招聘经理必须开始关注那些"软性"特征，即代表着求职者潜在的部门文化或公司文化的适应能力。

斯托弗敦促管理者们将评估求职者的潜在"价值

匹配"作为"对传统能力和责任感匹配"等因素的补充。例如,如果你的组织能力在实施创新战略时,取决于对新思想的开放性,无论谁在推动这一战略,你聘用的人都必须体现这种价值特征。斯托弗同时建议弄清雇员要具备的支持公司战略的行为特征,例如,他们是否总是对客户友好、信息共享,或者面对新的挑战可以灵活应对。

如何评估求职者的潜在文化适应能力呢?测试可以提供帮助,正如商业作家爱德华·普鲁伊特(Edward Prewitt)在"招聘中的性格测试——如何做对"中所阐释的。依据普鲁伊特的观点,有很多的指导可以确保你从测试中得到有用的信息。例如,在实施测试之前,定义代表你公司文化的价值和行为,设定评估最适宜行为的清晰标准。考虑请一位心理咨询专家来确定你所想象的测试能否帮你找到所希望的人才特质。另外,不要单纯依靠测试,要把测试结果看作"凳子三条腿中的一条,其他两条腿分别是面试和背景资料。"同时要注意那些法律在雇用之前测试方面的限制内容,比如那些有关性取向和宗教信仰的问题。最后,要确信所有的测试问题具备真正的"预测效果",也就是说,问题确实可以衡量出你所感兴趣的特征,而且同时在问题中可以预见特定工作条件下的行为。

情商(emotional intelligence)(EI)是许多公司测试的一个文化方面的特征,它可以被定义为一套社会和

自我管理的技能。根据专家在"招聘高（情商）水平的人才"这篇文章中提到的，EI可以在15％—45％的程度上决定一个人在一件工作上是否成功。文章建议应用一种名为 EQ-i 的测试作为一项个人测试手段。EQ-i可以帮助你评估潜在雇员的压力管理的风格、适应性，还有其他的情商特征。许多公司在求职者通过招聘经理或人力资源部门代表的初期面试后，对其实施情商测试。报告结果可以给出求职者情商能力的轮廓特征，方便进一步考察。

但也有专家指出，你不需要测试来评估一个人的情商。如果感觉测试比较麻烦，可以用"行为情境面试"（behavioral-event interviewing）来代替。例如，请求职者描述一次由于其他人不理解自己的想法而颇为受挫的经历。听他如何解读其他人误会的反应，看看他能否正确看待紧张的工作状态。

为了选择最适合你的部门或公司文化的人，你有必要挑选和自己存在较大气质差异的人，这恰恰是作者莉兹·辛普森（Liz Simpson）在"主管们：要进行一次成功的招聘，先要好好审视自己"这篇文章中探讨的主题。依据辛普森的观点，管理者受限于"就像我一样"（Just like me）的偏见，如果招聘那些和他们自己几乎一样的人，则恰恰在构建自己的失败。

有效构建自己团队的人格特征组合需要自我意识。请信得过的同事现实地评估你的优势、劣势和个人风格。自己弄清哪些文化特征（如有效解决冲突的能力或者推动创新思想的能力）是团队潜在具有的，而哪些是需要通过新的招聘来补充的。同时，要开发一些策略来处理不可避免的摩擦，这些摩擦在气质不同的人一起工作时会出现，例如在会议辩论过程中达成一致的规则制度。

将一群气质不同的个体组成理想团队的过程中，很多主管会用带有优异创业背景的员工。依据商业作家柯尔斯滕·桑德伯格（Kirsten Sandberg）在"'品牌化自己'的经验——管理人才的建议"中指出的，企业家型人才的特征通常带有独特的工作热情和不畏艰险的理念，这些可以使你的团队受益匪浅。

还要注意一些警告。例如，在一个创业型求职者的职业背景中，考察真正的发展后劲的信息，而不仅仅是一串彼此孤立的成功记录。确信求职者身上具备那些与公司文化一致的特征和行为。例如，"如果一个人天生狂野，相比彼得·潘（Peter Pan）更像彼得·方达（Peter Fonda），而他自己也认为他是个无拘无束的骑手，而不属于米老鼠俱乐部，那么恐怕他该加盟哈雷-戴维森（Harley-Davidson），而不是沃尔特·迪斯尼公司（Walt Disney）。"

选择合适的人才群体

为了使你的部门或公司的团队达到最优化,你有必要选择所有合适的人才群体,不管你是在寻找一个正确的领导者、一个顾问,还是从以前没有注意到的群体中选择新人。这一部分的前三篇文章专注在发现并发展优异的领导者。商业作家斯蒂芬·纳尔逊(Stephen Nelson)在"知道在你的领导力层级里都有什么吗?"这篇文章中阐释了如何为达到一种领导能力拓展的思维模式而确保可靠的内部人才储备。

"在你评估一个候选人的能力时,仅仅看他是否适合从事工作 A 是不够的,你必须判断他是否能够成长,从而可以适应工作 B。"因此你有必要考虑在你现有的雇员或应聘候选人中,谁可以填补工作 A 这个空缺。另一个方法:"依据你的战略计划的每一个目标,清楚地说明所需要的领导能力。然后评估你现有的领导群体与这些需求匹配的状况。随着一年工作的进展,无论是一次新的战略调整还是新战略的产生,你都要重新评估领导能力的含义。"

评估一个公司外部或者内部候选人的领导潜力,也要看看他是否具备正确的"经验积累"。咨询专家斯科特·安东尼(Scott Anthony)和管理学教授克莱顿·克里斯滕森(Clayton Christensen)在"你的高层主管们应该具备哪种经验学习?"一文中转移到了这个话题。两位学者指出,在评估潜在的领导者时,太多的招聘专员过多地重视行业经历,结果呢?新员工在一般的行业问题解决方案上墨守成规,而不是推动新的理念和策略。

除了行业知识,关注那些可以解决你的部门或公司所面临特殊挑战的经历。例如,李维斯(Levi Strauss)公司聘用了一位来自一家润滑油制造商的主管,帮助公司开始将牛仔系列服装销售到沃尔玛,这是公司战略的一次重要转变。这个主管几乎没有服装生意的经验,但是在他之前的工作中,他曾经成功应对了和沃尔玛合作的挑战,而这恰恰是他给李维斯带来的价值。

除了特殊问题的解决经验,如今的领导者一定要了解如何管理大的、不固定的群体,包括临时工作者、顾问和虚拟团队。"争夺管理人才的战争"这篇文章对如何寻找这样的管理者提供了建议。你最好的手段或许不是利用公司正式的招聘流程,而是导入范围更广的、更富有想象力的方法超越传统意义上的少量资源(如同样的学校或同样的行业)。寻找那些拥有不同教育背景的人,还有来自不同行业和国家的人。不要等待那些活跃的求职者来主动找你,在供求紧张的人才市场中,你有必要做些猎头的工作。最后,要乐于在薪

酬政策上让步,如果有必要,吸引那些可以在不断变换的团队中有特殊表现的管理者。

很多公司的团队管理策略以聘用顾问为替代方法来扩编他们的传统意义上的团队。如果这也是对你的组织的描述,你有必要磨练你在部门里选择和考察顾问的能力。商业作家汤姆·罗登豪塞(Tom Rodenhauser)在"如何选择顾问,并一起工作"这篇文章里,建议仅在具备下列条件下聘用顾问:你对项目目标有清晰的理解;你的组织全力支持顾问的使命;约定的截止时间清晰;同时在项目完成后,你的公司还可以不断地提供后续支持。

罗登豪塞还列出了一个找对顾问和评估候选人项目潜力的流程,包括利用类似邓白氏公司(Dun & Bradstreet)这样的信用评估公司。列举的要提问候选人的关键问题(除了问"你怎么收费"之外),还包括:"你都做过哪些事情,对我们目前的问题是有所帮助的?""针对我们要解决的问题,你个人的理解是什么?""你可以对自己的工作做出保证吗?"

除了利用顾问,大量的组织正在研究之前忽略的有价值的员工资源。在"人才短缺?这里有未利用的劳动力资源"这篇文章中,小威廉·C.哈吉斯(William C. Hargis, Jr.)分享了他在残疾人群中招聘的经验。作为一个工业清洗公司的总经理,哈吉斯有效地利用了联邦税法的激励政策,即一旦当有残疾的雇员在企业里工作达到 400 个小时后，公司就有资格享受减税的政策。他说"感谢这项激励政策，我基本上可以花一份薪水雇用两个员工"。通过使残疾人团队做到工作责任和设备的有效匹配，公司减少了浪费，每个月都可以节约数千美元。另外，残疾员工从来不迟到，而且工作努力，两方面的好处提升了公司的士气，加强了公司员工的稳定性。

了解利用互联网

寻找合适的员工，你可以任意应用众多传统的方法，包括可以找猎头公司、在报纸和杂志上刊登招聘广告，还有通过员工内部推荐等。互联网提供了另一条途径来发布职位信息，来吸引有兴趣的人才。尽管通过网络在线招聘和录用可以大大扩展候选人的数量，但是也带来了一些挑战。

在"在线招聘？把它做对"一节中，你会发现充分利用在线招聘网站的一些技巧，例如通过互联网找到那些"被动的"候选人，即那些已经被其他公司录用的优秀人才。与那些在线提交简历的"主动的"候选人相比，他们构成了一个范围更大、更有吸引力的人才群体。要找到那些"被动的"候选人，需要专组一支有针对性的招聘团队，让他们针对你所要聘用的那类人选

明招聘

进行调研统计。有了数据资料在手，他们就可以频繁地到招聘网站上去搜寻优秀人选了。

"在互联网上寻找人才"一文里，帕特里夏·那卡什（Patricia Nakache）提供了补充性建议。例如，不要仅仅利用你公司的网站发布职位信息，还要向那些潜在的员工"推销"你的企业，同时接受职位申请。确信公司网站使用起来很容易：一个公司允许求职者按照标准格式在线填写简历，也应该允许求职者直接粘贴电子版简历到标准表格中。同时还可以考虑开设非常规的途径来进行网络招聘，例如，浏览用户网 Usenet（一个电子公告集中区），识别你所需要的专门技能的论坛信息，参与者可以成为好的候选人，或者带来有价值的推荐。

随着商业变化节奏的稳步加快，精明招聘在未来的几十年里将变得更加富有挑战性。但这并不意味着你不能继续磨砺你的招聘技能了，你有必要在你职业生涯发展过程中不断地培养那些能力。最后在你读完本书所有章节后，请问问自己如下问题：

➤ "面试候选人时，我应该在哪些方面做出调整？如何能更好地准备和进行面试，我应该问些什么问题？"

➤ "要帮助我的公司成功，我的团队成员必须具备哪些主要文化特征？在潜在新员工中我如何衡量那些特征？"

➤ "在寻找出色的员工时，我应该关注什么样的被忽视的人才资源？如何为我的团队选出合适的顾问？如何在部门里培养潜在的领导者？"

➤ "我如何有效利用互联网来进行筛选、面试从而聘到顶尖的员工？"

通过不断地思考这些问题，你会形成精明招聘的一系列稳定的思路，你的团队，你的公司都会感谢你的！

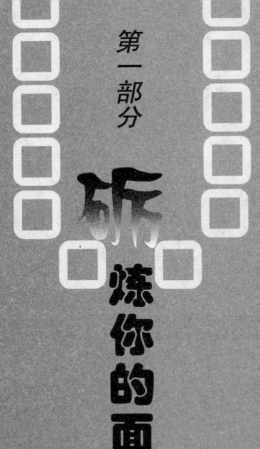

第一部分

砺炼你的面试技巧

对求职者面试包括太多的工作,不仅仅是简单地进行面试就可以了。你需要在面试前、面试过程中,以及每一次面试后应用一整套全新的方法,从坐在你对面的那些有希望的求职者身上挖掘出最有价值的信息。

本部分接下来精选出来的内容,提供了很多对提高面试技巧有用的方法。例如,通过让求职者浏览本公司网页,并写下个人评论,提前开始测试求职者的沟通能力;在面试过程中,给求职者提出一些麻烦的情境,譬如,对产品上市的延迟询问他会如何处理。这样你可以判断其解决问题的能力如何,面试结束后,给求职者分配一个小小的任务,进一步获得关于其本人能力的信息。

这样你将会发现,在面试过程中传达你自己的信息也是非常重要的,例如,你帮助他们发展职业规划的方法。并且,明白什么样的问题应该避开也是非常关键的,这样可以避免使你的公司卷入反歧视司法诉讼。

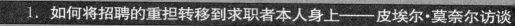
1. 如何将招聘的重担转移到求职者本人身上——皮埃尔·莫奈尔访谈

1. 如何将招聘的重担转移到求职者本人身上
——皮埃尔·莫奈尔访谈录

精神病学家皮埃尔·莫奈尔职业生涯的最初阶段是教书，为个人、夫妇、家庭提供心理方面的咨询服务，同时还写一些有关爱情方面的书。从 1982 年起，他开始将重点转移到了董事会会议室里，给一些公司和非营利机构提供有关招聘、高层主管评估以及管理变革方面的咨询服务。他曾是青年领袖组织学院（Young Presidents' Organization）第一任院长，偶尔也在哈佛大学和斯坦福大学商学院进行演讲。他向《哈佛管理前沿》（*Harvard Management Update*）谈起了自己的著作《精明招聘》（*Hiring Smart!*）。

招到合适的人比以往任何时候都更加重要吗？

我不知道。但是阿瑟·罗克（Arthur Rock），Intel、Teledyne 和 Apple 公司重要的一位创始人认为，要为人才投资，而不是为想法。道理如此简单，人们往往会忘却，或者认为太简单，然而事实并非如此。我认为这是不可公开的小秘密：每个人都知道一个公司的未来是与员工紧密联系在一起的，如果招错了人，那么公司最终将走向失败，但是很少有人谈到这一点。

你的书是在呼吁作录用决定时多花一些时间。难道大部分管理者还不够忙吗？

管理者有必要在最初或者其他不同的阶段在招聘上多花些功夫，不过，最终的目标是使整个系统良好运转，从而为公司既节约了时间也节省了经济支出。如果你让一个公司画出他们的招聘系统图，结果多半看上去会像鲁布·戈德堡（Rube Goldberg）的画。它需要被简化，但并不是过分的单纯化：这是如何在复杂中寻求解决之道，从而决定哪些对你的公司来说是有用的或无用的问题。

举个例子，我为美国高尔夫公司（American Golf Corporation)作咨询帮助其设计一套招聘总经理的系统，最终的成果只是一页图表。虽然看起来很简单，但是却整整花了半年时间才弄出来，并且按照预期也遇到了阻力，但是很难估量它为组织节省了多少时间和金钱。

《精明招聘》阐述的是一套不同的招聘系统，它更关注员工的行为而不是他们的语言，较少强调面试而

更多关注求职者的背景。它的目标是将招聘的重担从招聘方转移到应聘者身上。

您这么说是什么意思？

许多管理者不喜欢面试，原因是他们有太多的工作要做。但是这里你可以采取一些策略，在面试之前，将招聘的繁难重担转移到求职者身上。要求求职者随简历附上一封求职信，借此来判断他的书面沟通能力。例如，联合电器控制公司（United Electric Controls）就要求应聘机械师职位的求职者评价一下公司提供的蓝图（结果？50％的人没有提交回复）。或者，你可以要求申请人参观公司的一个店面或者浏览公司网页，并写一写他们的感受。

在面试前还有其他建议吗？

首先值得对申请人进行一次 5 分钟的电话面试，当然你得安排企业里直觉最强的人来进行这项筛选。但是，如果你安排了不恰当的人去做这件事情，那就输定了。进行电话筛查的考官要具备令人惊叹的侦破能力，即便如此，有时候也可能被蒙骗。因为有些人的电话面试非常成功，他们话语清晰、表达简练、全面、幽默、能说会道而且简历看起来很棒。但是一旦当他们走进面试房间的时候，你意识到自己已经犯了错误。这种现象很普遍。这就是我为什么建议进行一个初期的，或面试前的面试考查，在这个过程中请求职者进来问 20 分钟问题,特别要针对那些本地候选人。

进入面试阶段……

许多管理者对于所有的问题都要问对感受到极大的压力,这些问题有如,"你的优势和劣势是什么?"或者,"你未来 5 年的规划是什么?"结果是,一次面试变成了一件很无聊的事情。面试官应该让对方谈一些感兴趣的话题,或者举一些工作中的例子。提出六七个你最喜欢的问题来问(本书中列出了 53 个问题),例如"你将如何给我赔钱?"本意是"过去你在哪儿犯过错误,未来你可能在哪里出现问题?"将提前写好的问题交给求职者,并且对他说:"这是我最感兴趣的五个方面,接下来的 20 分钟我想听你来谈,不会打断你,请慢慢来。"这样将会缓解一下对方的压力,进而表现得更出色或幽默,同时避免了面试中经常会出现的问题:面试官讲得太多。

要成为一个善于倾听的人有什么诀窍吗?

我认为做笔记很有帮助。但是更重要的是,和我一起工作的人中,有 95% 的人说,在对方还没有坐下来之前,他们就已经喜欢上某一个求职者了;几乎还没等对方开口讲话,他们就开始推销自己的公司。如果你对谈论本企业有很大压力的话,就请闭上嘴,直到面试结束前的最后 5 分钟。

令我感到惊奇的是大多数人喜欢寻找机会讲话。当你仔细倾听的时候，重要的内容往往会听得出来。例如，我经常面试一些学术上和职业上都很完美的人。我问自己，"镜中完美幻景的另一面是什么？这些人生活中的不完美之处在哪里？他们会在哪里感到失望，如何面对压力？"因为这些都会不经意地在工作中流露。

要得到"你将如何为公司赔钱"这个问题的直接答案是不是太天真了呢？获得真相的直接途径往往是间接的，不是吗？

面试时最重要的部分就是你所建立的关系。你不必以"你将如何给我赔钱"这个问题开始，但还是要看看对方是如何回答这个问题的，而不是他说了什么，看他是否坦率而不是简单的敷衍。我记得一个完美主义者在回答我提出的有关探究其缺点、如何处理压力等问题时，如是说："这些都是很好的问题，我得想一想，因为您关注这些问题是绝对正确的"，她没有一开始就回答我的问题，但她却是个善于思考的人，她知道我们已经正中要点，而她也传达了这个信息。

或许我太苛求了，但是让应聘者如此放松是不是太少见了呢？

我非常认同这一点，今天的求职者过度程式化了，这也是为什么我认为面试本身不重要的原因。一次面试会让你明白人际关系，也可以告诉你一个人面试得如何。例如，一个假艺术家每一次都能蒙骗我。作为精神病学家，我经常被那些酒鬼、吸毒成瘾的法官、医生们搞得防不胜防，他们如此的令人相信，甚至连他们自己都不觉得自己在撒谎。

另外，现在那些应聘者通常对那些成打的最常见的面试问题准备得非常好，这也是为什么只有 5％—10％的人确实坦率地回答了问题，这些人在我的测试中会迅速地被选拔出来。只有当这个时候，才让人感觉放松清爽，面试一下子变得很有意义，而不再是求职者针对标准的问题提供一揽子答案了。

您为什么不相信压力面试呢？

压力通常像筑墙。或许当你面试一个足球教练、刑事辩护律师，或者劳资协调者时，这个方法还可以，因为压力通常是这些人工作的一部分。然而大多数面试都是要推倒那面墙，为什么要给面试者施压呢？

另一方面，你还要体会一下对方在现实生活中是如何表现的。通常的疑问是什么问题会出现，如果知道什么问题会出现，就永远没有疑问了。如果你还没发现求职者的某些问题，此时你就有疏漏。所以要经常问可能会发生什么问题，不管是 6 周还是 6 个月以

后，你都会有所准备去处理。

莫奈尔有句格言："过去的行为是未来行为的最好预见。"发现求职者可能出现的特殊性问题通常是面试后期的事情，也就是当你和见证人沟通以更多地去了解其过去的表现时（尽管在我们这个喜好诉诸法律的社会存在固有困难）。同时，给求职者一个面试之后的任务，比如类似电话追踪这样的小事情会很有帮助的。最后阶段通过让求职者提交求职信，或者展现一下面试前安排的任务，主要让他们来说，还要处理一些后续工作，这样你会排除掉那些不主动或不能表达自己的人。

如今工作热情是否被高估了呢？

我的秘书曾经为一个联邦区法官工作过。应聘职员岗位的人都是来自全国最好的法学院的最优秀、最聪明的毕业生。在面试开始之前很多求职者都和她交流，但一旦与法官的会谈结束出来后，他们便忽略了她。这些人都没有得到这份工作，因为我的秘书是个关键人物。这和热情无关，但是对于一个职员的工作而言，在团队氛围下工作的能力，就如同一份小职员的工作，同他是否聪明以及写作能力一样重要。忽略了秘书，恰恰是亮起了红灯。对于某些工作而言，还有比热情更重要的因素，想一想那些编辑、机械师或者程序员就了解了。因而热情只不过像是构成招聘的拼图游戏中 200 枚小插件的一部分。

应聘的人 20 分钟后就到了，我该问些什么呢？

以下是一些有代表性的面试问题,通常需要了解的是这些问题一定要与工作有关,除非是求职者首先提到这些问题。

- 你曾经为一个组织做出的最重要的贡献是什么?

- 你如何处理压力或冲突,你意识到自己已经处于很大压力之下的信号是什么?

- 你最喜欢的书籍、电影或网站是什么?

- 关于你目前的职位,说出你喜欢和不喜欢的事情,各三件。

- 你什么时候失败过? 请描述一下当时的情景以及你是如何处理并从中总结学习的。

- 在做决策时,你通常向谁寻求帮助?

习钻问题

- 一下子问三个问题。在无提示的情况下看一看求职者能否记得全部问题。

- 在面试开始时提出相互对立的观点,留意一下求职者在面试过程中是否对两个观点都表示认同。

- 如问,"你将如何为我赔钱?"(真正的问题是:

"你以前在哪里出现过问题,你以后在哪里还会再出问题。"

参 考 阅 读

Hiring Smart! How to Predict Winners and Losers in the Incredibly Expensive People-Reading Game by Pierre Mornell (1998, Ten Speed Press)

2. 进行一次成功的招聘面试

迈克尔·哈特斯利
Michael Hattersley

2. 进行一次成功的招聘面试

迈克尔·哈特斯利

已经出版的许多著作都关注应聘时应该说些什么，但是很少提到面试官应该做些什么。特别是在那些拥有人事部门或者有招募新成员渠道的大公司，主管们经常发现在招聘的最后环节，当他们从两到三个候选人之间做选择时，总是马马虎虎地选择。正因为获取正确的、直接的信息对于组织效率是至关重要的，因此对于一个经理人的职业发展来说，上述这种被动行为就可能是错误的了。主管们应该在招聘过程中更积极些，一开始就要了解为使招聘有成效，那些重要的该做和不该做的事。

面试准备

首先要明确面试的性质和目的，是否属于礼节性的见见面，例如针对公司内部内定人选的面试，虽然他

029

早已经被认为不适合这份工作（这类面试应该尽可能的少些，即便如此，有时基于整体的权衡考虑，还是有必要的）。一般而言，你应该尽自己的最大努力对求职者做到尽可能准备好介绍职位的岗位职责、录用标准、招聘程序，以及你最后做出决定的时间。

要提前落实面试的具体安排，例如是否包括一小时的谈话、参观工厂、午餐以及同其他人员的面谈等，这一切都要在求职者到来之前告诉他。

要熟悉求职者可能采取的策略，一个老练的求职者通常会有备而来（通过参加培训、经验积累、或者书本学习），并且试图使面试官跟着他的节奏。有大量的书籍针对许多常问的问题都给出了"最佳"答案，或者提供了如何给未来的老板留下深刻印象的策略。为了使面试更有效，未来的老板需要意识到这些，去辨别他们，有时还要挑战他们。很多文献为应聘者提供了一些具有普遍意义的通用主题：求职者应该通过提问来控制面试的进程，针对常规的问题，大脑里有提前打包好的答案，同时应该调查应聘的公司，了解职位以及面试官。

作为一个面试官，你应该在面试前尽可能多地了解应聘者。这可能就意味着，在缩减了选择范围后，你要提前进行推荐人确认，而不是在你已经决定了某个人选之后进行，很多时候主管们都是在判断是否录用决定之后才联系推荐人印证一下。

精

明招聘

候选人不应该主要凭借其面试技巧而被录用

如果你提前进行推荐人确认，要对危险信号提高警觉。很少有推荐人会表现出明显的疑虑，毕竟他们是被应聘者选出来的。因此要注意很多敏感的信号：有保留的语气、对候选人被考虑录用表示惊讶、缺少以前的老板很高或者很热情的评价。

显然，面试者也要知道他在寻找什么。在由《全美企业征才周报》（*National Business Employment Weekly*）推出的《面试》（*Interviewing*）这本指导书中，阿琳·S. 赫希（Arlene S. Hirsch）提议候选人应该具备如下特征：

➤ 能够适应工作环境

➤ 友好

➤ 具备该职位要求的技能

➤ 努力工作以达成组织目标

➤ 举止得体，给老板挣面子

在《世界五百强选人标准》(*Power Interviews*)中，
尼尔·耶格尔(Neil Yeager)和李·霍夫(Lee Hough)提
示候选人他们认为面试官会更看重什么：

➤ 进取心和热情

➤ 沟通技能

➤ 成功的记录

➤ 理性思维

➤ 成熟度

➤ 计划和组织能力

➤ 面对压力的反应

两本书都提供了展现这些特征的具体策略，把自
我提升、面试策略以及选择合适的职位相结合融汇。
但是作为一个面试官，对于一个在各方面都表现很好
的人，你多少却会有些怀疑。应聘者不应该单凭他的
面试技巧而被录用，也就是说，不能只看一次的表现。
事实上，由于为求职者提供的好建议比比皆是，使

得招聘方更加集中地关注对方的历史业绩背景,也许一个你认为志趣很不相投的人会展示出他若做这份工作会比任何人做得都好。这里为面试官提供了一些在面试前必须要问自己的一些问题:

➤ 做这份工作需要哪些技能和技术知识?

➤ 我与这个人工作的紧密程度如何?我有时间来培训他吗?

➤ 该职位是否涉及到要代表组织,不管是对内还是对外?

➤ 我想让这个人在这个位置上做多久,他的期望是什么,我能对他做出职位升迁的保证吗?

➤ 如果这个人失败了或者他要求太高,后果是什么?

➤ 这个人将和谁在一起工作,我如何在招聘中撮合他们沟通?

最后,招聘方还要充分思考关于决定录用的问题,要了解在责任与薪酬上可以做出多少让步。有时在面试的过程中,主管发现了一个有能力的求职者,但是自己也不知道是否需要,由此可见,招聘的情景多么复杂多变。

进 行 面 试

从一开始,你要表现出这是一次平等的沟通。当然也有例外,如果求职者高度胜任这份工作,而且双方相互需要。牢记那些只可意会不可言传的因素:在房间里的位置、肢体语言、你问候的语气和形式。甚至坐在同样的水平高度、同种类型的椅子上都会传递出彼此的共性,从而使对方放松下来,也方便你更快地了解他。

了解求职者会如何为自己争辩,广义上讲有三类:(1)认同感:"我的背景非常适合这份工作";(2)类推:"我以前的经验和技能是可以借鉴的";(3)兴趣:"从简历上看我似乎不是很合适,但这份工作是我一直想做的。"或许每个论据都是有效的,同时我们可以加上第四个:"我曾尝试过的事情都成功了。"确认求职者采取的方法可以帮助你进行面试,同时可以提供更多你需要知道的信息。

记住,老练的应聘者会想尽一切办法来得到它们想要的"Offer"(工作职位)。一旦被录用之后,聪明的

人知道他们会有回旋余地,总是试图重新定义工作来符合他们的兴趣,或者抱怨说任何失败都是因为缺少培训和支持。

小心不要承诺那些不现实的期望。在面试的过程中,关于工作内容,不管你说些什么,对方几乎总是想听他们希望听到的。他们会记住工作描述中可以展现他们优势的部分,同时会漠视自己的劣势可能造成的影响。一旦开始工作,出于最美好的愿望,他们往往会抵制那些说是他们,而不是制度或老板需要承担失败责任的任何建议。

面试官应该控制面试的结构。这意味着,通常以客套话开始,并建立和谐的气氛,澄清工作的期望值,随后转到期望的话题,然后令求职者抛开原有思路,最后让他有一个清楚的概念,明白自己的观点。求职者头脑中也常有一个大概类似的步骤:先从闲聊开始,然后谈职位和求职者之间的匹配程度,最后做出总结。让我们从求职者的角度来讨论一下:

闲聊(Small Talk):除非有一些极端的情况出现,否则任何一方提到类似天气的问题都是失败的。聪明的申请人通常会寻找一些共同的基础和话题,例如对(面试官)提供的工作表示了解和关注,或者说明彼此有共同擅长的领域。要注意对方闲聊的思路:他是真的志同道合还是有隐性的抱怨和借口?与申请人讨论他的兴趣,在他看来意味着这个组织很有吸引力,是个工作起来很舒服的地方。

适应(Fit):在这里,面试官有责任把和职位相关的问题表达清楚,然后让求职者来谈谈看法。让求职者自己先来主导一段时间,可以了解很多关于他本人的信息:他是否真的理解这份工作?他是否真的有热情还是仅仅例行程序?对于未来在组织结构中的位置他是否有现实的理解,还是超越了现实?他是否愿意学习?

专心地倾听还可以给面试官提供其他信息,包括一些超出申请人意料之外的一些内容:在这个职位上,你的自由发挥空间会比你前一份工作小,你如何处理这个问题?这个职位的薪水和时间要求是否适合你?你确实具备我们所需要的很多技能,但是在一个完全不同的领域,你如何能最快地发挥呢?向一个在另一家公司和你有同样职位的人汇报,或者管理他,你将做何感想?你还可以为我们带来哪些特别的东西(如资源或潜在客户),从而可以将你和其他求职者区分开?

总结(Gaining Closure):在这一阶段,求职者想知道他的位置。他期望面试官问他还有没有其他问题,通常包括公司福利、弹性工作时间,以及提升的机会。一旦面试官表现出要总结,他应该细心留意对方是否

精明招聘

很好地理解并出色地完成了面试。这些可以反映出一位未来员工在工作中的时间管理能力和社会反应能力。

总之要客观了解职位提供的机会和局限性，包括告诉对方他将如何被评估，并关注他是否理解了这些信息。

此外，一个好的面试官一定要知道什么不能问。拟定一串禁止提问的问题并不能完全由你决定，还有法律、联邦政府和州政府规定的限制。如果在你的权限内你不了解这些规则，一定要提前和人力资源部门的人确认一下。通常的原则是尽量绕开那些有争议的或者涉及个人的话题，除非对方主动提起来。询问对方的政治倾向、宗教信仰、种族、性取向等问题并不关你的事。此外，还有涉及法律上敏感的一些问题：求职者的健康状况，可能的残疾情况，对前雇主的投诉程序、检举揭发行为、保险需求，或犯罪记录等等。

不要过快淘汰掉看起来 "资历过高" 的求职者

有时候，特别是在你不能判断求职者是否合适的时候，你可以选择去描述一下公司文化。例如，"我们是一个层级分明、很正规的组织"，或者，"任何人都可以在任何时候造访总经理的办公室"。偶尔，求职者会提及个人的一些问题来确认公司是否能够协调（"我妈妈有病，我可能要额外请假"）。感谢他的坦诚，并告诉他目前的工作是否容许这种情况。

也要避免提问一些过于普遍而申请人又感为难的问题。"请介绍一下你自己"似乎在哪里都没有效果，相反，可以从对方的简历中挑选一些特征，请他解释这些特征如何和目标职位相匹配。或者当你发现对方有很长一段时间没有工作，你可以问"前一份工作结束后，你都做了些什么？"答案可能是从做家务到忙于个人事务，但这些可以慢慢转移到你感兴趣的话题。不要因为对方的职场打拼并不呈直线发展就推测她不能胜任高压力的工作，同时不要在"她为什么找工作"这个话题上给她过大的压力。问他们为什么要找新工作是可以的，但是一般来说，问他们还在应聘其他什么职位就不合适了。

总之，一定要记住这条原则：你是要进行一次谈话，而不是在打嘴仗。

面 试 评 估

通常，能力出类拔萃的人未必最适合目标职位，一些自然的或人为的原因导致了这种现象的发生：或许你恰好很喜欢这个人，或者被他的资历所吸引，或者同

情他们的个人处境而被打动,这些因素里的任何一条在做出录用决定时都可以成为合法的理由。但在做出决定之前,请花一点时间,消除个性的影响作用,针对最初的录用条件再次对比一下。

努力确认一下新员工在工作岗位上是否会愉快。如今,由于求职者"资历过高"而被淘汰的现象在人才市场上呈上升趋势,但是如果你确信求职者了解现实状况,这不应该成为录用的障碍,否则你将可能错过一个很有价值的人。一个好的主管不应该因为聘用一个出色的下属而觉得有压力,除非他有不服从管理的历史记录。反之,一个明显水准不够的人如果有热情和事业心,也可以让他试试。

在内部人选与外部人选之间权衡时,要清楚内部人选更容易一举成功,因为他对组织内部很了解。一个来自组织外部的人更倾向于给组织带来新的技术和观念。有鉴于此,什么特质的组合对你的职位更合适呢?

当然,要和公司里面试过同一个人的同事讨论。让他们帮助你消除一些个人的偏见。最后,在某些层面上,你必须凭胆识去做,但是,这样完成一次精心的招聘后,你会收获很多。

参 考 阅 读

Best Answers to the 201 Most Frequently Asked Inter-view Questions by Matthew J. DeLuca （1997，McGraw-Hill）

Interviewing by Arlene S. Hirsch （1996，Wiley）

Power Interviews by Neil Yeager and Lee Hough （1990，Wiley）

精明招聘

3. 应用案例面试来提高录用水平

梅利莎·拉带妮

Melissa Raffoni

3. 应用案例面试来提高录用水平

梅利莎·拉弗妮

"限制你生意发展的最大因素是什么?"每当向老板们问起这个问题时,十之八九的回答是"需要找到合格的人才。"这确实是个问题,尤其在失业率达 4% 的这些日子里,你想让员工尽可能快地投入到工作中,但是你又希望他们是"合适"的人,你不得不在做决定时平衡快速决策和慎重思考之间的矛盾。一个有用的、却通常被忽略的提高招聘质量的方法,就是应用案例面试。

应用这种方法通常是面试官描述一个求职者在实际工作中可能会遇到的情景,然后在面试的过程中,希望对方提出一系列问题,并在最后给出解决方案。例如,如果你是面试官,你可以描述一个行业,然后问对方如果要在这个行业里发展新的业务,他将采取什么样的战略。

案例面试已经被战略咨询公司采用很多年了,早在以前的麦肯锡或双子星顾问公司(Gemini)的咨询顾问入行咨询业时，他们就有了这种方法。Frito-Lay 公司、强生、卡夫食品、微软以及戴尔等公司也用此方法。这种方法还发展应用到了很多传统行业，如零售业。Staples 公司战略发展部的项目经理珍妮弗·乔伊斯（Jennifer Joyce）认为："案例面试可以使我们更直接地看到应聘者是如何策略地抓住问题，并讨论可能的解决方案，而且还可以发现那些思路开阔的人。

传统上，案例面试主要用来测试解决问题的能力。面试官可以评估对方处理问题的框架、逻辑，以及他们对问题的选择。斯蒂芬·H. 乔治（Stephen H. George），强生公司麦克尼尔消费者保健产品部的总监说："我采用的经典案例包括如何做产品投放，或者是如何使一个不景气的公司扭亏为盈。例如，你的管理层要求你投放一款新的洗发液到市场中，请让我看一下你设计的新产品上市策略的决策步骤。"

除了解决问题的能力，还可以测试其他技能。例如，麦克尼尔的一个招聘人员通过问对方如何定价和做预算来测试他的数字敏锐度。应聘销售职位的求职者可能被问到他是如何为一个潜在客户选择产品的。我最喜欢的案例之一是告诉技术专业的求职者，他们的工作是要从一个不合作的部门收集信息，支援一个新信息系统，然后问他们将如何进行这项工作。

案例面试的最大好处是可以一下子完成几件工作：

尽可能地贴近现实状况。这是观察对方在毫无准备或几乎没有准备的情况下是如何思考的难得机会。它使你能够评估已经对常规问题,如,"你5年后的规划是什么?"准备好答案的人。

帮助应聘者加深对工作的理解。我已经使很多求职者在面试结束前总结说:"面试前我对工作有一点不清楚,这种方式使我对工作内容有了更好的理解。"

可以测试多项能力。诸如战略思考能力、分析能力、判断能力,还有很多和沟通相关的技能,包括倾听、提问,以及解决冲突等能力。特别是针对那些不关注背景或无特定候选人的职位,即无明确的学历或经验要求,案例面试能使你将大家放在同一层面上来考虑。

当然应用案例面试也有风险和负面作用。它会占用很多时间,突然袭击使求职者无丝毫准备,感到不舒服或紧张。因此案例面试要控制时间,清楚地介绍案例要讨论的目标,同时说明没有所谓的标准答案。另外,因为它不能测试所有的能力,所以不应单独使用。例如,如果想测试团队合作、动机、领导力等,招聘的人应该考虑应用其他创新的做法,如,分组练习等。最重要的是要确定你要测试什么，并且定义出具体的安排。案例面试可以作为一个不断被评估和改善的招聘流程的有价值的补充。

4. 和里奇·韦林斯一起面试你未来的主管

4. 和里奇·韦林斯一起面试你未来的主管

没有什么比员工和老板之间的关系更重要的了，很多调查研究表明，这种关系是决定良好绩效表现、长期承诺，以及组织各个层级员工满意度的关键。尽管很多招聘经理会留意他们和求职者的彼此匹配程度，但是很少有未来员工对此会过多地考虑，而之后往往是发现自己与老板不适合而进行抱怨。

里奇·韦林斯（Rich Wellins）是 DDI（Development Dimensions International）人力资源公司的高级副总裁，专注于帮助公司将合适的人才放在合适的位置上。他认为，对求职者来说有很多途径来避免匹配不当的问题。他的关于如何与主管展开坦诚的对话，以及如何一眼看透对方性格的建议，就像在新的公司应聘一个职位，如同考虑一次公司内部新的工作安排一样。

面试未来的主管对于求职者本人来说为什么如此重要？

和主管的关系问题是员工离职的主要原因。他们离开不是因为待遇、福利或者企业部门等因素，根源是他们很难和主管相处。

面试主管可以给求职者提供有用的信息的机会，可以判断对面这位主管是不是他所尊重的那种人，是否可以和谐相处。如果他感觉到和这位主管非常适合，那么在他被录用后，他将会很高兴，同时会成为更积极投入的员工。

一个需要人手来填补职位空缺的主管会倾向于不坦率吗？

不能完全排除这种可能性，但了解一些细节是解决之道。问四到五个关键问题你就可以很好地把握主管的类型了。

"您具备什么样的工作风格？""您认为授权重要吗？""您这里有升迁的机会吗？"这类问题是没有意义的。应该问一些特殊的事例："您是如何成功地指导您的员工的？您是如何帮助一些人达到职业目标的？能给我提供一些您通常用来促进团队更好合作的方法

吗?"

应该关注一些细节吗?

几乎每个人都希望有成长的机会,没有人希望被管得过细。另外,要留意主管是否有良好的倾听能力,他所提问题的类型是表明他是对你这个人感兴趣,还是对彼此可能建立良好的工作关系感兴趣。

除了这些,就没什么普遍特征要留意了。作为个体而言,选择最佳的工作条件非常重要,对一些员工来说,有一个能够给他们很多指导的老板很重要,而对另一些员工来说,这些就远没有获得独立性那么重要了。

您能给出关于一个主管是如何与他的团队有效互动的可靠推论吗?

如果不是亲自看到他是如何与别人互动的,你想了解很多是不太可能的。但是即便如此还是很有意义的,看他对待别人的方式可以了解有关他处理社会关系能力的信息。

完全可行,特别是作为买方,问一下你能否和这个主管的下属们聊聊,这样做可以使你获得更全面的关于工作的挑战性和发展机会方面的信息。

有没有其他间接的途径来了解主管真实的样子？

主管的语气和行为告诉了你什么？他回答了你的问题吗？留意他的非语言交流方式，例如，他能保持目光接触吗？他的办公桌上有什么？所有这些都能提供一些有关他的价值观、个性、管理风格方面的信息。另外，留意在整个面试的过程中你是如何被对待的，这样，你不但能感受到未来的主管的特征，而且能够获得有关公司文化方面的信息。

5. 不要提问这些问题——招聘过程中如何避免触犯法律

希瑟·C.利斯顿
Heather C.Liston

5. 不要提问这些问题
——招聘过程中如何避免触犯法律

希瑟·C. 利斯顿

"**我**真的不应该问这些，"公司的老总这样打开了话题，"但是我还是想知道你结婚了没有，还是很快要结婚，为此我失去了很多女员工。"我已经 28 岁了，过着快乐的单身生活，正准备开始自己的事业。我这样回答他不该问的问题。我说，还没有。我没有改变个人生活的计划。我已经作好了为他的公司奉献的准备，还没有家庭拖累。最后我得到了这份工作，但是我经常后悔自己的回答。在和老总的合作过程中，我不经意地违背了一个我的信念，一个给我们每个人提供公平机会去赢得生活的原则。

即使你相信自己是个公正的人，作为一个雇用者，也有法定责任了解对于那些到公司来应聘的人，什么应该问，什么不该问。依照 1964 年的公民权利法案第 7 条规定设立的平等雇用机会组织（EEOC）有关于保

护人们在招聘过程中免受不正当歧视的规定,EEOC 规定的相关条例有:

> 1964 年的公民权利法案第 7 款规定:禁止有关种族、肤色、宗教、性别以及原国籍等方面的雇用歧视。

> 1967 年的年龄歧视雇用法案(ADEA)规定:禁止对 40 岁或 40 岁以上的人的歧视。

> 1990 年美国残疾人法案(ADA)第 1、第 5 款规定:禁止对精神及身体有缺陷的人歧视。

（所有这些法规的详细内容都可以在 EEOC 的网站(www.eeoc.gov)查到。

不要提问在法律保护范围内的问题

这会给雇用方或面试者带来什么影响呢？托马斯·H. 奈尔(Thomas H. Nail)是一个人力资源咨询公司(Thomas Houston Associates, Inc.)的总经理,同时他还是全美工作场所多样性委员会(National Workplace Diversity Committee)的成员,负责人力资源管理

方面的事物。他说："联邦公民权利法案除了年龄问题（40 岁以上的人），不会具体限制你问任何问题。问题是，如果你为了一些信息需要而问了某些特殊的问题，可能给你带来一大堆的麻烦。这也是为什么很多职业的人力资源组织通过指导人们避免问某些问题来帮助大家避开一些麻烦。"当然不管是书面的还是口头的面试，这些问题都同样的麻烦。马萨诸塞州反歧视委员会（MCAD）对常规的条例作出了清晰的说明，可以作为合理应用联邦法律的参考，"雇主通常不能在面试过程中问求职者任何用于以下用途的问题：

> 确认应聘者是否在受保护范围内；

> 遴选后剔除那些在受反雇用歧视法案保护之列的成员；或

> 不作为预测员工业绩成功的合理的依据。"

作为雇主，你是有法定责任的，要知道问对方什么合适，什么不合适。

纽约州公民权利法案针对常规反歧视限制提出了一个重要的例外，即"真诚的职业资格评估"，"在基于真诚的职业资格评估的前提下，可以允许在录用前询问关于年龄、种族、信仰、肤色、原国籍、性取向、婚姻状态或残疾等问题。"

九个最糟糕的问题

以上提到了一些法令法规范畴中的选录,下面让我们关注一些细节,这里列举了一些不能提问的情况:

1."你多大了?"或者"你是哪年出生的?"

你可能会问对方是否已经超过了 18 岁。严格来讲,联邦法律只针对大于 40 岁的人提供反年龄歧视保护,但是为了安全起见,最好不要以"你年龄过 39 岁了吗?"这样的问题开始你的面试,你也要避免用那些会透露年龄信息的语言,例如:"你是什么时候大学毕业的?"

2."你结婚了吗?"(或者已订婚、或者密切交往、或者离婚),或者"你喜欢我称呼您夫人、小姐,还是女士?"

忘掉这些问题。你可能针对一些工作的特殊要求关心对方能否胜任,如出差问题。但是如果你是在向女士们问起这个问题,你一定要清醒地认识到,最好也问男性应聘者同样的问题。EEOC 波士顿地区办公室主任罗伯特·桑德斯(Robert Sanders)先生认为婚姻状态不属于联邦法律保护的范围,但是如果被看出来你

只问单一性别的人婚姻状态的问题,即对男女采取不同的策略,那么你将被扣上触犯"第二性"的帽子,即性别歧视。(补充一下,一些国家确实对婚姻状态有特殊的保护措施。)

3."你参加宗教活动吗?"或者"你关注什么宗教节日?"

除非你正在为一个宗教组织的某个职位进行招聘,否则不要询问有关宗教派别或宗教从属关系的问题。某教堂的雇用关系经理沃尔什说:"在组织中宗教信仰被认为是真诚的职业资格,组织的职能是发展宗教,对于那些不懂宗教的人,或者那些在谈论宗教问题时坚持个人原则的人将是很难理解的事情。如果我不能请来一位宗教学家,即使打开宗教的大门,我也不能作出分辨,宗教组织的工作没有给我任何权力。"

4."你的母语是什么?"

如果工作职位要求流利掌握某种特定的语言,你当然可以问对方是否会讲那种语言,否则还是避开为好,因为这个问题有可能牵涉到原国籍的问题。

5."你的父母来自哪里?"

你可能会问求职者在美国工作是否符合法律规定,但要避免牵扯到任何公民身份或原国籍的问题。

6.“你的娘家姓？”

这确实不关你的事，但是你可以问对方以前是否用过别的名字，是否曾经在你的公司工作过。

也要了解各州各地区的法律

从事商业活动，要确信了解不同地区间法律的相关差别，很多州和地方政府都有自己的反歧视法律，提供的保护范围超越了美国联邦政府的要求。例如，马萨诸塞州反歧视组织在常规列出的保护性条款基础上添加了“性取向”这一条。弗吉尼亚和纽约添加了“婚姻状态”和“年龄”作为保护条款。联邦法案只保护那些超过40岁的人免受年龄歧视，但是你所在的州可能要求不允许了解对方是否超过了18岁。纽约州不就性取向问题提供反歧视保护，而纽约市作出了相应规定。一些州还对某些特殊（和种族有关）的人提供特殊保护。

7.“你是什么肤色？”

认真点，种族和肤色对任何工作而言都不是最重要的职业资格条件。

8.“你被捕过吗？”

不要提及这些。但问对方是否曾经有犯罪记录是

可以接受的。虽然问关于被捕的问题似乎并不直接同公民权利法案相关，但是逻辑上还是有关联的。奈尔解释说："如果你看那些在美国没有明确的犯罪理由就被捕的人，你会发现其中有很多是少数民族。因此在招聘过程中考虑被捕记录这一条表面上看是中性的，但是有可能导致歧视少数民族的情况。"要记住一些州对涉及被捕或犯罪记录的问题是有明确的禁止规定的。

9."你有什么残疾吗？"

桑德斯说："从 1964 年开始，你就不得不像生活在岩石下面一样，不去了解有关公民基本权利的事情了，而现在我们在 EEOC 碰到的很多案子是关于残疾人的，这也是我们要解决的新问题。"能够帮助你理解该法规的文件是 1995 年起草的"ADA 操作指南：雇用前问有关残疾的问题及体检"，是在 EEOC 可找到的。这条法律禁止直接提问禁忌的问题（如"你有残疾吗？"），同时也禁止间接地提问，即有可能涉及残疾信息的问题（如"你曾经得到过工作补偿吗？"）。

你或许会问候选人是否能够完成一些特殊的工作，只要让所有的申请人做同样的示范，你还可以让他们展示一下自己的能力。别担心，在做出最后的录用决定之前，你确实有权力了解任何和健康相关的问题。这条法规的目的只是"将雇主考虑有关对方的非生理条件和生理条件区分开来。"因此，ADA 规定"只有在已经向对方发了有条件录用通知后，雇主才能问有关残疾的问题并要相关的体检报告。"

种族和肤色对任何工作而言都不是真正的先决条件

沃尔什（Walsh）说："在招聘过程中经常会有一些主观因素，但是法律法规很有用，它提醒我们所有的人考虑正在做什么。例如，如果雇用和你自己很像的人是你的一种自然倾向，你不得不停下来说'等一下，有关于坐轮椅的人不能做这件工作的正当理由吗？'"

有关面试的挑战之一就是面试不是一个可以完全控制的自动交易过程。它基本上是两个人之间的对话，彼此都在考虑在未来几年每周五天的工作中，能否愉快地合作。寻找新合作者的本能暗示，使得我们在第一次与别人见面时就想显得自己很通情达理，容易相处。丹·雷尔顿（Dan Relton），Grey Communications 公司在纽约市的人力资源副总经理说："很多人喜欢不正规的面试，因此随之而来的是人们谈论是否有孩子，或者和谁住在一起等。这都很好，但是我在面试中只问和工作相关的问题。"

到哪里去寻找，找谁获得更多的信息

MCAD 的专员多尔卡·戈梅斯（Dorca Gomez）说："一下子记住很多东西是很难的，什么可以问，什么不可以问似乎相当复杂。我们提供一套用来帮助面试者的问询指导刊物，如果有了问题，可以和我们联系。最好都确定好了。一些雇主好像有些害怕我们，但是他们也是我们的客户，而不应该彼此对立。"

纽约州的公民权利部门也提供了一个有用的"雇用前的问询指导"。你可以登录他们的网站 www.nys-dhr.com 阅读相关内容。同时 1964 年的公民权利法案里相关的限制内容在 1981 年 EEOC 的"雇用前的问询指导"中也做了很好的解释。

对于那些想要了解更多的人，EEOC 提供常规的技术支持和培训，在网站（www.eeoc.gov.）上有很多关于他们的信息。至于设在弗吉尼亚亚历山大的人力资源管理协会，可以登录 www.shrm.org 了解。

参 考 阅 读

Fair, Square, and Legal : Safe Hiring , Managing & Firing Practices to Keep You and Your Company Out of Court by Donald H. Weiss（1995，AMACOM）

Hiring the Best : A Manager's Guide to Effective Interviewing by Martin Yate（1993，Adams Media Corp.）

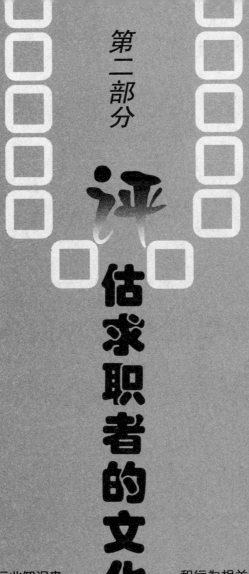

第二部分

评估求职者的文化适应性

用传统的技能或行业知识来定义一个"完美的"招聘已经远远不够了。除了技能和知识,新员工必须和你的部门或公司文化相适应。这意味着,他们要和你公司所秉承的价值观相一致,同时在态度和行为上(例如,对客户友善、对新观念的开放程度、以及情商水平)要支持公司的竞争战略。

这一部分的文章提供一些实践指导,用来评估求职者潜在的文化适应能力,包括采用性格测试以及在面试中问和行为相关的问题等等。当然构建好的文化适应也需要你的努力,主管要敢于录用在气质和能力上明显不同于自己的人,这样你的团队中每个成员都给工作带来了相互补充的特质。举例来说,要组建一支顶尖的队伍,你需要挑选一些具有强烈企业家倾向的新人加盟。

同时你也会看到,你将不得不制定一些策略,来处理不同气质的人在一起工作时可能产生的不可避免的摩擦。

1. 关注文化适应——为什么仅仅聘请优秀的人才还不够

戴维·斯托弗

David Stauffer

1. 关注文化适应——为什么仅仅聘请优秀的人才还不够

戴维·斯托弗

"**唉，**不是这事儿就是那事儿"，如今的人力资源主管们常常这样抱怨。近些年来，经常是刚刚完成公司指派的精减缩编的任务后不久，随之而来的又是由于市场供不应求而导致的对有技能人才的需求。类似这种情况在过去几十年中似乎还没有发生过。但要找到好的人才比以前要付出更多的努力，同时用来衡量某个人是否适合这份工作的标准也变得越来越复杂，并且很难评估。

招聘失误会很快显露出来，而要弥补错误的成本将更高，这也是为什么如今的 CEO 和高层主管们会请咨询顾问协助，开始更加关注求职者的人际交往技能以及应聘者和公司组织文化之间的适应性。

不要满足于"差不多合适"就行

著名的领导力研究专家沃伦·本尼斯（Warren Bennis）和帕特里夏·沃德·比德曼（Patricia Ward Biederman）曾说："伟大的成功从优秀的人才开始。"他们的著作《七个天才团队的故事：如何领导创意精英》（*Organizing Genius：The Secrets of Creative Collaboration*）调查了七种非凡的协作模式，包括第一次研制原子弹的曼哈顿计划，以及沃尔特·迪斯尼（Walt Disney）工作室——"希望发现他们集体的魔幻世界是如何创造出来的。"这项分析产生了 15 个"经典课程"，指出了"卓越团队"必要的成功因素。

本尼斯和比德曼主张"首要的任务是雇到最出色的人，他们是那些可以在大家都了解的信息中找出差距、发现并解决问题的人。"这些人才是优中最优的。"一个卓越团队的领导者爱慕人才"，同时"他们有信心录用比自己还出色的人。在卓越的团队中，合适的人做合适的事情，相信真正有天赋的人才是不可替代的。"

如果"卓越团队"的概念可以扩展到现代的公司层面，那么最有机会入选的就是杰克·韦尔奇（Jack Welch）领导的通用电气（GE）。GE 过去 20 年中的快

速成长更多地要归功于他坚持只聘用最出色的人。例如,1997年在与他的高级主管的一次会议上,韦尔奇坚持给所有表现 C 级的员工下发解聘通知书,并明确离职最后期限。他说,GE 是一家 A⁺ 公司。

在大量介绍比尔·盖茨(Bill Gates)和他创立的公司神话的书籍中,没有一个不提到公司在追求卓越过程中的招聘规则。例如,在《微软之路:微软赢得竞争优势的真实故事》(*The Microsoft Way: The Real Story of How the Company Outsmarts Its Competition*)这本书中,作者兰德尔·E. 斯特罗斯(Randall E. Stross)说"微软相比其他公司已经获得了最大的成功,而且也显然得到了更多的回报。"微软招聘策略的重要一点是宁可空缺,也不要一个"差不多"的凑合。斯特罗斯从公司视频资料里引用了盖茨关于招聘的讲话,"如果你用的人都是普普通通的……我们真的面临很大的麻烦了",因为不理想的员工是很难辞退的。斯特罗斯认为:"盖茨在告诫他的招聘人员不要满足于次优或者差不多合适的人,即使一个持续的职位空缺会带来麻烦也要坚持如此。"

要坚持"价值匹配"

正如在《组织天才》(*Organizing Genius*)中描述的

那些协作模式所说明的,在求职者和工作之间寻求"契合"没有什么新鲜的,事实上只不过是通常被看成一种例外,说明它还没有得到推广应用。很多章节的证据说明,"完美契合"的定义已经超出了简历上所列出的特征范围,而且很多组织越来越关注那些"软性"特征,即求职者如何与企业的文化融合得更好。

这些"软性"特征的准确定义是什么呢?GE 的韦尔奇在《华盛顿邮报》(*Washington Post*)中列举了一些,"我不知道在我们公司里会有'故步自封'的人,我们在哪里都能接受新观念,在任何学习的环境里都有激情。"他还说:"GE 将抛弃那些不能代表公司文化特征的管理人员,哪怕他们有非常好的绩效表现,'我们让那些业绩好的员工去其他公司,因为他们不符合我们的价值理念。'"恰恰是这种基于"价值匹配"(超越了能力和责任的匹配)的坚持,为公司赢得了赞誉和突出表现。

在这一领域走在前面的是斯坦福商学院的杰里·I. 波拉斯(Jerry I. Porras)教授,他是《基业长青》(*Build to Last:Successful Habits of Visionary Companies*)(1994 年出版的书,选取了 18 个典范型的美国企业作为研究对象)的合著者之一,波拉斯努力要找到一些因素来帮助企业建立自己的愿景,赢得卓越表现。他说创建"联盟"是必要的,"这来源于决定实现公司愿景所需要的五六种关键行为,例如在迪斯尼,每一个员

工都要奉行对客户友好，以便让顾客感受到公司所预见的奇妙的体验。"

波拉斯指出，这可能是个看上去容易但做起来很难的事情，"领导层能做的最多的事情就是使员工理解公司的愿景，但对于一个价值观不一致的组织，这个很难。"对于那些不认可核心价值观的人，波拉斯主张"你最终将不得不采用离职的手段，否则从长远发展看，合作下去对个体和公司来说都不好。有些人可能在其他一些方面，例如，专业技术，对组织来说还是有价值的，在这种情况下，恐怕只能忍痛割爱。"

Gould，McCoy & Chadick 公司的执行顾问总监米林顿·F. 麦科伊（Millington F. McCoy）先生也认同波拉斯的观点，软性特征已经开始变得重要了。组织持续快速的变化已经改变了高级主管需要的技能组合，她解释说："由于组织的层级减少、组织重组、更加国际化，要求主管们必须能够让由不同技能、不同天分的人组成的团队有效工作。这就需要他们在我所说的软性特征，不仅是简历优秀，而且和客户的组织文化相适应上表现出更多的实力。"

打破传统评价优秀标准的需要，反映在简历中列举的一些特征，通过以往以智力为主导的价值观点正在改变中体现出来。麦科伊提到，卓越的能力如果没有出色的人际沟通能力相附合，对于一个组织的净收益是有争议的。"有时候一个组织会被一种纯粹的精明才智所迷惑,而且只雇用具备这种能力的人,但是通常这个缺乏基本的人际沟通技能的超凡人士很快就会孤立起来,从而变得没有效率。"

类似地,新型的理想的新员工应该不那么强调自我,麦科伊指出"在高度自我的状态下,你通常会有高度的不安全感,它通常在领导试图控制每一个工作细节中体现出来,在如今这种矩阵式组织中,这当然行不通。"那么什么特征是最重要的呢? 回答是,"高水平的成熟的情商和人际交往能力比以往更重要了。"

搜 寻 技 巧

录用决定前的建议:在决定正式录用之前,要评估对方的文化适应性。《微软之路》的作者斯特罗斯列举了一些微软公司的做法。

一直寻找

微软的招聘人员会假设最需要的人才是不会主动找工作的,因为他们不必要这样做就可以吸引到很多公司发出的邀请,这种思维模式暗示要打破预算和现有职工配备水准,进行招聘。在《努力推进:比尔·盖茨和微软帝国的建造》(*Hard Drive*: *Bill Gates and the*

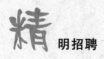

精
明招聘

Making of the Microsoft Empire）这本书中，作者詹姆斯·华莱士（James Wallace）和吉姆·埃里克森（Jim Erickson）引用了一位微软高管人员的话："我们有按人数统计的预算吗？不可能。有些人在你的一生里只能见到一次。"

更关注发展潜力而非经验

斯特罗斯谈到盖茨和他的招聘人员"不过度地关注相关经验，"取而代之的是倾向于"更看重智力水平和聪明程度超过所有其他因素。很多情况下，还包括经验。"

寻找具有特殊天赋的人

斯特罗斯声称头脑本身对于成为一个微软人来说是不够的，合适的人才是那些"有决断力的，言辞敏捷，面对挑战可以灵活应对的人。"《努力推进：比尔·盖茨和微软帝国的建造》中介绍了刁难求职者的方法，包括困难的数学和逻辑问题，以及"其实与编程没有任何关系的难题。"一位招聘人员解释说："我们想知道他们是否有足够的驱动力，这样我们才能将他们置于我们的氛围中，并且让他们茁壮成长。"

和谐理性地相处

本尼斯和比德曼认为："协作很有必要，"对于那些想成长的组织来说，"只能依靠协作来完成某些任务。因而，卓越团队是由能够相互合作的人才组成的。信息共享，工作有进展才是唯一真正的社会责任……那能帮助个人摆脱困境的独行侠 Lone Ranger 的化身已经不在了。"

如果你到现在还认为这些广泛的、严格的搜寻指标使得为空缺职位找到合适的人比以往要难多了，那么你是对的。麦科伊指出："如今对我们找人的一个显著影响是，很多事情都已经国际化了，"他承认对自己以及其他搜寻顾问来说，工作变得更富有挑战性了。"但是这个正在不断变化的世界对于我们客户和求职者而言，不也是很大的挑战吗？"

参 考 阅 读

Built to Last：Successful Habits of Visionary Companies by Jerry I. Porras and James C. Collins (1994，HarperBusiness)

Hard Drive：Bill Gates and the Making of the Mi-

crosoft Empire by James Wallace and Jim Erickson
(1992，HarperBusiness)

The Microsoft Way: The Real Story of How the Company Outsmarts Its Competition by Randall E. Stross (1996，Addison-Wesley)

Organizing Genius: The Secrets of Creative Collaboration by Warren Bennis and Patricia Ward Biederman (1997，Addison-Wesley)

2. 招聘中的性格测试——如何做对

爱德华·普鲁伊特
Edward Prewitt

2. 招聘中的性格测试
——如何做对

爱德华·普鲁伊特

应用心理测试来进行面试正成上升趋势。1998年6月美国管理协会的一次调查表明,1 085家公司中有45%报告说他们对求职者进行了一个或者多个测试,而1997年(AMA推行测试的第一年)这个比例是35%。由于时间和成本等问题,这些测试通常更多地针对有前景的管理者,而不是低级别的员工,对他们而言,工作技能测试通常认为是比较适合的。

你的公司是否应该采用心理测试呢?专家提醒要谨慎行事。和大学入学考试不同,聘用前的测试不是一个用来武断地淘汰求职者的橡皮尺,它并不能针对公司的实际问题,提供神奇的解决方案。而且,如果你采用了错误的测试或甚至是问了一个不合适的问题,你将可能使公司面临被提起法律诉讼的威胁。

哈佛商学院MBA职业生涯发展中心副主任、商业心理学家詹姆斯·沃尔德罗普(James Waldroop)说:"我认识一个研究劳动法的律师,当公司用测试来选拔人才时他会很高兴,因为这就是他的生计来源,我们每个人都想找理由支持自己的决定,但测试恰恰是有风险的。"

那为什么还要提供这些测试呢?一个最大的原因是:如果应用得当,心理测试在预测工作成功方面比其他任何手段都要好。Powell & Wagner 是一家心理咨询公司,针对三个曾经服务过的企业进行了执行程度的跟踪研究,研究都发现,企业给经理人定的级别和这些人后来(自愿或不自愿的)离职的比率之间有着很高的相关性。而且统计对比分析表明,心理测试配合面试程序比其他任何评估手段都要好,这些包括面试、证明人确认、职业经历以及入职六个月的绩效评估等。

当然应用测试者的研究成果或许还不够权威。但是测试确实有其内在的优势,例如,相比其他手段而言,主观偏见会少。另外,测试会对每个人都问同样的问题,采用同一个标准,可以平衡面试一成不变的老套。McSherry, Diedrich & Stevens 心理咨询公司的高级合伙人詹姆斯·麦克谢里(James McSherry)说:"我们所服务过的一个企业里,CEO 为两件事大发脾气:申请人是否够水准? 以及申请人是否来自好学校? 但这些并不是成功最好的指示器,每个人都会有偏见,一个好的雇用前测试就是要有效而精确地问问题。"

心理测试还可以让你体会到未来的雇员如何适应公司的文化。Powell & Wagner 公司的道格拉斯·鲍

威尔（Douglas Powell）说："一个人通过了所有面试而被录用，来到了公司，然后在很短的时间内就发现并不合适。人员变更现象的发生还是如此频繁，因为公司的文化和新员工的期望是不一致的。"

可能你的公司已经开始采用心理测试或者正在考虑要用，如果是这样的话，这里有一些来自专家的建议可以帮助你有效地进行测试。

详细定义你的招聘需求

美国高尔夫公司（American Golf Corporation）拥有1 000多名经理人在管理着全国 270 个地区的14 000多名员工。多少年来，美国高尔夫公司一直要求所有的经理候选人去完成一个叫做预测指数（Predictive Index）的性格测试。招聘主管汤姆·诺顿（Tom Norton）说："这个方法很有效果，我们考虑的是让他们的个性或工作风格和其主管领导相匹配。如果一个人喜欢和别人一起工作并且需要许多指导，那么当和内向的人一起工作时，他可能不会表现得很好。"

美国高尔夫公司的方法说明了采用心理测试的要求（和优势）之一：要知道你要找的是什么。测试出版人协会（一个职业协会）的总监威廉·哈里斯（William Harris）说："看一看工作中到底需要什么样的个性特征很重要,可以帮助指导该采用什么类型的测试。"麦克谢里说"让人们思考一次新的招聘到底需要什么"是他们给客户提供的重要服务内容之一。在进行测试之前,他们会询问客户关于工作的详细需求,以及体现客户公司文化的价值观和行为方式。"我们就是要真正弄清楚要测试最适宜的行为标准。"

当然,有人认为公司认识到应该进行雇用前测试,是整个招聘过程中最有价值的部分。沃尔德罗普说:"如果我要采用心理测试,我应该做什么呢?我必须弄清楚我到底要什么,然后设计一个测试来得到需要的信息,总之这就是我要做的工作。"

不要仅仅依赖测试

鲍威尔说:"我们把测试看作凳子三条腿中的一条,其他两条是面试和求职者的背景分析。招聘一个人没有唯一的标准。"鲍威尔的客户首先通过面试筛选候选人,然后对负责面试的人员进行招聘培训。依据诺顿的观点,在美国高尔夫公司,性格测试"是我们考虑求职者许多方面的因素之一,它可以验证我们通过面试或推荐人确认等方法得到的意见信息,有时它还能引出问题进一步了解。测试从来都不是我们做出招聘决定的唯一依据。"

测试越多越好（到一定程度上）

没有一种测试可以包打天下。关于性格特征的测试，专家建议采用性格测试模型 WAIS-R，或者"高层背景调查"（Executive Profile Survey）；要了解应聘者的兴趣爱好，用 Jackson 职业兴趣调查；进行认知能力（代替智商 IQ）的测试，可以应用类似沃森-格拉泽（Watson-Glaser）思想评估测试。公司和聘请的顾问对求职者一次性进行很多测试的现象并不少见，例如，分别针对个性、兴趣、诚信、认知能力等。鲍威尔说："有人问我们为什么不通过一个测试解决问题，额外的测试只带来 10％的额外信息。"测试出版人协会的哈里斯补充说："当你应用成套测试，并且每个测试之间都有些变化时，将会提高你的预测能力。"当然职业测试专家像很多职业人士一样会努力推销他们的测试服务，但采用较多的测试，费用将会提高，但是高级经理们所考虑的是，与招聘失败的成本相比，测试方面多花的钱就是小钱了。

聘用顾问

　　心理测试不是给外行准备的,即使是对一次现成的测试的结果进行解释,也需要专家级水平的训练才能操作,包括统计分析、测试,以及评估等。据鲍威尔和麦克谢里介绍,心理咨询专家的服务一般的收费标准是 1 500—2 000 美元,而且测试范围越广、费用越高,如针对顶级主管人员的收费将达到 2 500 美元。

　　为了防止误用,一些特殊测试的应用是被严格控制的。例如,杰克逊人格量表(Jackson Personality Inventory)、16PF 人格测试、Guilford-Zimmerman 气质研究等测试只供诸如美国心理协会这些组织的成员使用。虽然对测试编制者和测试顾问没有专业认证要求,但是美国心理协会事实上在扮演着发证机关的角色,不正当应用测试的心理学家可能会被收回执照。麦克谢里说:"现在每个人都非常小心,不会轻易地采用这些测试,客户不仅要检验我们,还要看我们过去的从业记录,然后才决定是否和我们合作。"

小 心 陷 阱

使测试者非常小心谨慎的一个重要因素是来自诉讼的威胁。近年来的一些法律和规定（如平等就业机会委员会，国会规定对调查者撒谎的禁止条例、美国1990年的残疾人法案 ADA 等）对雇用前测试的内容进行了严格的限制。已经做了32年心理测试的鲍威尔说："我们现在只能用到曾经用过的测试的10％。"其余的则落入了禁止条例的范畴。举例来说，零售连锁店 Target Stores，由于对求职者声称给他们进行自己设计的测试而把事情搞糟了，他们的测试包括来自两个标准测试中的问题，而这两个标准测试早于 ADA 法案。测试包括一些目前忌讳的关于健康状况、性取向、宗教信仰等问题，Target 在1991年由于雇用歧视被起诉，最终赔偿了200万美元。

麦克谢里介绍，为了避免法律问题，关于测试的所有问题都必须要"预测效果"。也就是说，测试设计者必须有能力说明测试不仅仅测试它想要测试的特征，而且必须能够预测在特定工作中的行为。这可不是件小事情，测试的设计者们在正式拿出测试模型之前，经常花费数以百万的资金，成年累月地进行广泛的研究。哈里斯说："在确保问题合法性方面设计者把控得越严格,咨询顾问越出色,则越安全。"

公司自己进行测试,并做到有效是可能的。沃尔德罗普介绍说:"宝洁公司这样做了,而且做得很好,他们下了功夫设计了一个测试,确实可以有效而精确地测试一个品牌经理的表现状况。"然而,除非你自己有大量的专家支持、资金以及时间可以投入到设计自己的标准测试,否则还是应该采用公开的测试、聘请专业顾问来进行。

参 考 阅 读

Model Guidelines for Pre-employment Integrity Testing, *Second Edition* (1996, Association of Test Publishers)

"Job Skill Testing and Psychological Measurement," Research Report supplement (1998, American Management Association)

3. 招聘高(情商)水平的人才

3. 招聘高（情商）水平的人才

在应用"多重健康体系"（Multi-Health Systems）（MHS）来测试1 500名美国空军招募专员的情商时，它识别出了 5 个特征，这些特征可以把 100％ 完成任务的人从完成 70％ 甚至更低的群体中分离出来。MHS 给每个特征分配了相关的权重，从而构成了招聘新成员应用模型的基础。在美国空军应用这个模型招聘的 250—300 个人中，员工留职率高达 92％，如果细分成本到招聘、培训以及新员工入职等环节，合计节省了 270 万美元。

对于领导力来说，没有人怀疑情商的重要性。研究表明情商（EQ）15％—45％决定了在工作上是否成功［而与之相比，智商（IQ）的决定程度则低于 6％］。此外，丹尼尔·戈尔曼（Daniel Goleman）在 1996 年研究了一个国际化的食品饮料公司，那里选定的高级管理人员都表现出同一种情商特征，结果他们部门的业绩超出了年度赢利目标的 20％；而没有这种特征的部门，业绩表现则低于年度目标同样的比例。

可是在过去，把情商原则应用到每天的日常工作中曾是很难的事情。但是现在情况发生了变化，MHS以及其他公司开发的评估手段，可以应用于招聘、绩效评估、执行力开发等过程中。诸如美国空军取得的类似成果已经引起了很多公司的注意，特别是在当前这种环境下，公司竞争战略的实施依赖于雇用并留住一流人才的能力。

Wrigley Canada 公司的人力资源专家谢利·罗斯（Shelley Ross）说："对我们来说，这意味着要更充分地了解我们招进来的所有的人。和许多公司一样，我们公司的文化在 20 世纪 90 年代也有了改变。我们现在需要灵活性更高，更能够使顾客满意的人。在我们整个的计划中，也变得更倾向于基于团队合作的方法，因此我们需要有良好决策能力的人。"Wrigley Canada 公司从 1998 年就开始应用 MHS 的情商测试来进行所有的招聘了。在此之前，公司也用过人格评估，不过只针对一些专业管理人员的岗位。

在以上两个例子中，应用的 MHS 测试被称为 EQ-i，是由心理学家鲁文·巴伦（Reuven Bar-On）开发的，他说 EQ-i 是由著名的布罗斯学院（Buros Institute）的《智力测量年鉴》（*Mental Measurement Yearbook*）注册的唯一测试。作为一个自我研究工具，EQ-i 以 5 个合成的指标来给回答者的答案定级，即内省智能、人际交

往、适应能力、压力管理能力，以及一般情绪状态，每个指标又被细分为 15 个分值。每个测试的完成要花费 30—35 美元，时间大约需要 40 分钟。

EQ-i 测试究竟有多大用处？罗斯总结说 Wrigley 的应用结果表明，它确实是个精确有效的工具。一般来说，测试往往在招聘经理和人力资源部代表初步面试之后进行，从测试的结果可以看出求职者的社会交往或自我管理能力。罗斯说："在后续面试过程中，招聘经理和成员可以应用这些测试结果来调整他们的问题。我发现，测试在与推荐人核实的过程中也同样有类似的帮助。"

"不应该仅仅依据测试结果就录用一个人。"MHS 的执行主席兼 CEO 史蒂文·斯坦（Steven Stein）提醒说，应聘者以前的经历、教育背景、推荐人、面试情况以及案例面试都应该列为决策考虑的因素。但是在你公司招聘的过程中如何应用情商原则呢？美国空军应用 MHS 测试的方法是最全面的，但是如果有限制，可尝试先对所有的求职者进行一次情商测试，然后用 MHS 多种工作分类的表格（其中列出了和编制相关的最重要的 EQ 指标）来找出最好的人选。

如果觉得情商测试太麻烦了，Hay Group 的资深顾问桑德拉·英林（Sandra Yingling）博士建议可以采用 "行为情境面试"（behavioral-event interviewing）来代替。例如，你可以让求职者描述一次由于一些人不理解他的想法而使他感到沮丧的情景。在他表述的过程中,注意听他是如何解读其他人员由于不理解而出现的反应的。在 Hay 公司,我们开发了一套情商能力专业词语大全,用来参考评估候选人的情商综合水平。"

Wrigley 公司的罗斯说:"面试最终的想法就是要找到适合职位和公司文化的人,我们发现为了找到更匹配的人才而付出努力是值得的,而情商也在这寻找的过程中成为一个越发重要的工具。"

参 考 阅 读

The EQ Edge: *Emotional Intelligence and Your Success* by Steven J. Stein and Howard E. Book (2000, Stone Bridge Press)

Working with Emotional Intelligence by Daniel Goleman (2000, Bantam)

4. 主管们：要进行一次成功的招聘，先要好好审视自己

莉薇·辛普森
Liz Simpson

4. 主管们:要进行一次成功的招聘,先要好好审视自己

莉兹·辛普森

管理的真本事在于将复杂或特殊的事情转化为好的绩效,琼·玛格瑞塔(Joan Magretta)在她的《管理是什么》(*What Management Is*)中写道:"我们越是需要和别人一起工作,我们越需要了解自己。"然而,大部分招聘过程,不管是强调态度还是技能,都专注于求职者身上。这是很令人遗憾的事情,正如玛格瑞塔所说,招聘经理的自我认知意识越强,应聘者的表现会越好。

高效率的招聘主管很清楚自己的优势和劣势,也知道在哪儿释放他们的能量。他们能坦率地向求职者或新员工描述现实状况。例如,公司正在和另外一家公司构建战略联盟,有效率的主管会选择其优势可以增强(团队)整体能力的合作伙伴,从而达成工作目标。通常,这就意味着主管们会选择在性格和理念上明显不同于自己的人,但是如果是这样的话,他们会细心地

制定基本规则,从而使原本完全对立的人可以在一起工作。

那些带有"就像我一样"(Just like me)偏见的主管们,通常招进来的人就如同自己的翻版一样,殊不知却将自己导向失败。想让自己工作起来感觉很自在,以及偏爱和自己有相似的教育背景、民族/种族背景、社会经济地位和行业观点,这种倾向在现实中有很多实例可以证明。苛求公司具备一切可能的能力:高水平的技术能力、视野广阔、经验丰富、甚至有较强的直觉和较强的人际交往敏感度,对一个经济体来说,这也是一个潜在的致命威胁。

把同事当成一面镜子

研究人员黛安娜·尼尔森(Dianne Nilsen)和大卫·P. 坎贝尔(David P. Campbell)1993 年的研究发现,"那些正确地自我审视的人(能够很客观地了解自己优势、劣势的人)更能够提升他们的表现。"但是时间、经历以及独自反思都不是发展自我意识的简单办法,要想揭掉自我欺骗的面纱,还需要其他人的帮助。尼尔森和坎贝尔继续说:"知识渊博的观察家与管理者自身相比,更能有效而准确地定位"经理人处理人际关系的技能——包括吸引和开发天才的能力。

诺拉·丹泽尔（Nora Denzel）是惠普（HP）软件全球业务部的高级副总裁，在她职业生涯的早期，在 IBM 工作的时候，得到了大量接受建设性批评的机会。她说在那里类似 Myers-Briggs〔MBTI（Myers-Briggs Type Indicator），Katherine Cook Briggs 参考荣格（Carl G. Jung）心理类型理论研究发展的一种有关人类性格差异的性格自测问卷。——译者注〕的性格测评工具、录像练习、以及常规的 360 度考核更好地帮助她意识到了自己的优势和不足。她变得更为成熟、自信，因而对于能容忍、不能容忍的行为也能做到公正坦诚。这些使她目前所从事的招聘和激励工作变得容易多了。她说："不是向求职者推销工作，我几乎是在劝他们不要和我一起工作，除非我们有一种可能性是我们之间的工作关系对彼此的工作都有很大帮助。"

Ricoh 公司，办公室自动化设备制造行业的龙头企业，负责业务发展的副总经理卡罗尔·戴利（Carol Daly）说："坦白地承认你在技术能力方面的缺点很容易。例如，如果我不懂网络浏览器，我就雇用懂的人。但是当涉及到一些软技能时，如沟通或建立关系网络时，承认你的缺点就难了。但是把你自己的尊严先放到一边，意识到你不是团队中的唯一英雄是很有必要的。"就像丹泽尔，在 IBM 她学会了克服由于别人直接反馈自己身上的缺点而产生的不适感，在那里每一年员工都会给自己的老板，甚至老板的老板评级。

丹泽尔说:"在我职业生涯里最大的改变就是坦白承认自己弱点的能力,之前,我曾想掩盖它们,但是和你的团队共度一段时间后,也就没什么他们不了解你的地方了。如果你拒绝承认自己的弱点,你就无法拥有一个高绩效的团队。"

避免选择偏见的结构性方法

卡特彼勒(Caterpillar)公司发动机中心,采用了一套更正式的方案来避免"就像我一样"的偏见。企业内部效率咨询顾问帕特里克·奥布赖恩(Patrick O'Brien)依照技能、资历、天分等因素,收集了一些用于雇用候选人及提升他们的客观性评价标准。在面试过程即将结束时,求职者看上去似乎与职位很匹配,奥布赖恩提供了一个有效的评估工具,帮助招聘主管理解自己的信息处理模式,同时通过把将要录用的人作一下比较,或者和整个团队成员相比较,从而明确共性或差距究竟在哪里。

这种两人之间或者整个团队的对比分析已经帮助了卡特彼勒公司的近200个经理人员,帮助他们缓和了人际关系问题的影响,这种问题通常是由于工作策略不同而在彼此之间产生的。

奥布赖恩说:"要招到符合职位需要的精英专才是

一回事，但是看主管是否认为求职者给团队带来的其他东西是有价值的是完全另一码事。对于一些主管来说，这是很难的，我们不得不提醒他们，项目的成功要比他们自己更重要。领导们要清楚，要想使项目成功，必须与和自己完全不同的人用不同的方式合作。"

确信摩擦是创造性的

多萝西·伦纳德（Dorothy Leonard）和沃尔特·苏尔普（Walter Swap）在他们的《灵感闪现的时刻：点燃团队的创造力》（*When Sparks Fly*）这本书中写道，如果你想让你的组织富有创造力，作为领导，你不能简单地容忍不同的意见，一定要鼓励它。否则你的部门将不能从"按照常规做事的期望"中将自己解放出来，从而会陷入"依照表面现象去解决问题的泥沼中"。而且还将倾向于只留意那些已经获得证明自己见解成立的证据。

在你增补人员时，面临的挑战是要尽可能多地选择差异性人才到你的团队中，同时，还要确保由于观点和工作方法不同而产生的摩擦将会促进业务的发展，而不是引起人与人之间的冲突。而要做到这一点的一种方法是，提前准确界定老板和下属的关系。欧洲工商管理学院（INSEAD）的研究员让·弗朗索瓦·曼佐尼（Jean-Francois Manzoni）和让·路易·巴赫苏（Jean-

Louis Barsoux)在他们的书《制造失败综合征》(*The Set-Up-to-Fail Syndrome*)中这样建议,当你和参加某个职位最后一轮面试的人交谈时,要清楚你喜欢的工作风格,以及你所喜欢或不喜欢的下属的行为。在员工到任早期就如此坦率地和他沟通,可以避免主管对一位员工开始产生怀疑时,情况向不利的方向发展。

当一个新员工到任时:一些警告

在开始的几周就给老板-下属关系定调了,但是有时你最好的管理意图也可能带来负面作用,欧洲工商管理学院(INSEAD)的研究员让·弗朗索瓦·曼佐尼和让·路易·巴赫苏认为:

- 不要指望新人立即就能派上用场,即使他有多年经验。
- 在没有搞清楚下属一定擅长的两三个方面之前,不要急着分派太多的责任。
- 不要假设任何公开的批评都会损害关系。
- 不要设想新人在遇到麻烦时,他会主动找你寻求帮助,通常他不会意识到自己需要帮助。

由于担心员工不好好表现,主管对员工盯得很紧。因此员工会开始觉得他不是这个主管小圈子的成员;

他的信心会打折扣，工作动力下降，进而他的表现会转向他认为主管最不期望的方向。主管会确信这种下滑状态是由于员工真的是个能力差的人，就这样，误解和糟糕的表现相互加强，形成恶性循环。

但是有时由于对立的态度或工作风格相反产生摩擦，面试阶段往往还太早，发现不了。这也就是为什么加里·斯诺德格拉斯（Gary Snodgrass）先生，Exelon 能源服务公司的副总裁兼首席行政官，专门为会议和报告开发了一套操作指导。对于一个对很多细节没有耐心的粗放的主管，加里为新员工提供这个指导，以确保他们的简报或书写文件能够满足要求，从而使很多人避免遭受挫折。他解释说："我的工作就是将他们引导到我需要的方向，这样我们所有的人都会卓有成效。"

Bone One Studios 的 CEO 克里斯蒂娜·里甘（Christine Regan）说："我曾经服务过一些公司里的资深主管们只招聘一些明显不如自己的人，这样员工就不可能挑战他们，但这通常会使一个公司倒退。在如今过度竞争的商业环境里，重要的是没有瑕疵的行动。我喜欢待在爵士乐队中，每个成员都可以互补其他成员的优势或劣势，走上前去尽个人全力独奏一曲，然后又回去进行一次即兴合作的表演。"

参 考 阅 读

When Sparks Fly: *Igniting Creativity In Groups* by Dorothy Leonard and Walter Swap (1999, Harvard Business School Press)

What Management Is: *How It Works and Why It's Everyone's Business* by Joan Magretta, With Nan Stone (2002, Free Press)

The Set-Up-to-Fail Syndrome: *How Good Managers Cause Great People to Fail* by Jean-Francois Manzoni and Jean-Louis Barsoux (2002, Harvard Business School Press)

5. "品牌化自己"的经验——管理人才的建议

柯尔斯滕·D.桑德伯格

Kirsten D. Sandberg

5. "品牌化自己"的经验
——管理人才的建议

柯尔斯滕·D. 桑德伯格

在非理性思维一度盛行的 20 世纪 90 年代,管理大师汤姆·彼得斯(Tom Peters)把变工作为品牌竞争的思想普及起来。根据这个"品牌化自己"的理论,如果你把自己的职业生涯作为一个具备独特个性的品牌来管理,而不是仅仅作为一个小公司的商品来管理,那么在纷繁忙乱的招聘市场里,你将会得到更好的工作机会和更高的薪水。

当今的人才市场中,雇主们的偏好已经发生了变化。但这并不意味着品牌化你自己的方法就没有意义了。事实上,这个方法既可以有利于公司的招聘,也可以帮助员工构建管理自己的职业生涯。其最大优点在于,它可以帮助雇主明确应聘者要具备哪些特征,从而可以使其与其他求职者区别开来。这样一来可以促进招聘进程、高层寻访以及内部提拔等工作的顺利进行。

IBM 公司知识管理学院的执行总监劳伦斯·普萨克(Laurence Prusak)曾说过,一些主管压制所有推销自我的举措，他们担心品牌化自己会给企业造成分裂或不稳定的影响。因为他们这样做只为自己着想，实现品牌化的人最终会给企业带来麻烦，同时也会给自己带来麻烦，普萨克说："最终企业会实施自己的复仇。"品牌化自己的人可以被组织淘汰，那些不能进步向上的人，最终要出局。

普萨克接着说道，但这并不是说公司要避免录用或者提升自我标榜的天才。一方面，很少有员工会像汤姆·彼得斯那样有名，也不会像泰格·伍兹（Tiger Woods）或玛莎·斯图尔特（Martha Stewart）那样家喻户晓。然而，重要的是品牌化自我的思维模式在提升团队的绩效方面是很有帮助的，因为它可以帮助主管安排员工去做他们最有热情的工作。

以下是一些可以应用的品牌化自己的方法、原则：

品牌化自己的是企业家，而不仅仅是营销者

《品牌的故事》（*Brand New*）这本书的作者哈佛商学院企业管理教授，南希·F. 克恩（Nancy F. Koehn）提出通过"了解消费者不断出现的需求，开发满足这些需求的产品，然后和客户反复沟通，正式推出新产品"，这样，"为新产品和服务开辟市场"。通过这种策略，雅诗

兰黛(Estée Lauder)和迈克尔·戴尔(Michael Dell)确立了自己品牌的地位。"但是,他们并没有等待一些焦点小组过来说'我们需要这个!'"彼得斯补充说,"他们本身有一种渴望,就是他们需要挖掘需求,"同时在挖掘需求的过程中,他们偶然发现了一个具有很高市场潜力,最终可以成就品牌的机会。他们属于精明的商家,而不是傲慢的小商贩。

聘用这种具有不畏艰险个性的人才对于你的公司来说,明显的受益匪浅,但是这里也有一些要提醒的:

搞清楚你的组织真正需要多少创意企业家行为

已确立的"品牌化人物"会讨论他们能为你的公司做什么,参考他们以前对别的公司的贡献。他们是可预见的,也是可靠的,然而最好的创新可能隐藏在这背后。渴望成为"品牌化的人物"会讨论他们希望为公司做什么,这基于他们是如何理解这种需求的。尽管招聘他们更有风险,但是他们也可能给公司带来不可预期的回报,譬如提供一个主管们还没发现的解决组织问题的方案,或者提供市场研究人员还没有发现的解决客户问题的方法。如果不单涉及专利或品牌问题,公司可以直接利用雇员的产品或工艺创新来受益。

在你评估求职者的时候，关注其长期的表现

一个"品牌化自己"的简历应该传达一种真正的持久耐力，而不仅仅是一串成功事迹的罗列。此外，真正的有品牌意识的人会坚定地兑现承诺；对于离职，他们会非常谨慎地斟酌，以便不会破坏他们已经建立起来的品牌资产。

文化适应是关键

一个公司会赞美一个企业家所取得的成就，而不是他是通过什么方法取得这些成就的。个人的品牌价值应该和公司的大品牌伞联系在一起，正是在公司的品牌伞之下，员工可以在公司公认的商业规则下自行运作。尼尔·莱纳斯基（Neal Lenarsky）是 Strategic Transitions Inc.（STI）的创始人兼执行主席，该公司是一家从事执行力管理的企业，他讲述了发生在好莱坞工作室一个节目总监的故事。"他从一个工作室到另一个工作室，一遍又一遍地重复着同样的工作，从不问自己'这里出了什么问题，为什么总没有结果？'"他的主管们也没有问到这些问题。

事实证明，他的问题和他本人的能力没有任何关

明招聘

系,问题出在缺乏一种意识:他和他的主管们都没有真正了解当时的环境,以及他要面对的挑战。决定录用他的人认可了他的经验的价值,但是没有进一步确认他是否适应公司的文化。

> "品牌化自己"的概念,
> 可以帮助主管们制定员工发展计划,
> 正如"我如何能够像教练优化
> 利用不同类型的天才那样,
> 来管理这个由明星组成的团队呢?"

面对众多的求职者,"品牌化自己"的特征可以成为一个方便的过滤工具——保证求职者的品牌特征与公司文化互为补充。如果一个人天生狂野,相比彼得·潘(Peter Pan)更像彼得·方达(Peter Fonda),而他自己也认为他是个无拘无束的骑手而不属于米老鼠俱乐部,那么,他该加盟哈雷-戴维森(Harley-Davidson),而不是沃尔特·迪斯尼(Walt Disney)。

主管们必须能够清楚地表达最能体现公司品牌文化特征的行为,同时在面试和绩效评估的时候讨论这些内容。

没有品牌是一座孤岛

普萨克谈到"尽管沃尔特·迪斯尼画出了米老鼠，但是他仍然要依靠其他漫画家"来创造一整部动画片。"品牌化自己"的概念，可以帮助主管们制定员工发展计划，正如"我如何能够像教练优化利用不同类型的天才那样来管理这个由明星组成的团队呢？可以使每个人最优化，同时可以更大限度地利用整体的品牌价值。"彼得斯介绍了菲尔·杰克逊（Phil Jackson）在芝加哥公牛队的表现："直到杰克逊接手公牛队时，迈克尔·乔丹才不再只是个打破记录者。"当曾为职业篮球选手的杰克逊指导乔丹如何在一个团队中与其他球星，如同在公牛品牌伞之下的斯科蒂·皮彭（Scottie Pippen）一起合作时，乔丹才开始赢得了总冠军戒指和 MVP 的头衔。

作为一个主管，你要能够判断个体的品牌如何与公司的整体文化相适应，引导员工抛弃"这就是我能为你所做的一切"的消极态度，帮助他们建立起彼此合作的关系，同时奖励团队中那些将自己的定位和其他人紧密联系在一起的人。

拓展自己的品牌要倍加谨慎

莱纳斯基曾说过,通过"将已有的品牌提升到另外一个层面或者面向更为广泛的群体"这种手段,一个人可以获得知名度。正如玛莎·斯图尔特(Martha Stewart)所做的,"她从一个'令人敬畏的银行家'转变为一个'媒体杂志出版商',从此提升了她自己的品牌知名度。"但是在市场成长的时候,主管们往往倾向于向下游产品市场或大众市场发展,仅仅做一些广告。

一位大学校长安排一位有名的教授讲授一门预备课程的四个部分,每个部分都在一周不同的时间进行。结果这个教授的研究成果和名誉受到了损害,他没有获得大笔资助,他的助教和博士生们抱怨他的办公时间,同时他的学生也不满意。拓展品牌的另外一个可以选择的方法是:让明星教授来辅导初级的教员,从而使他们可以成为更好的老师。通过团队授课,这样明星没有必要在每一周都露面。或者设计一个电子课程,教授面对摄像机一次性录下所有的内容用于现场直播,或者将来用。

主管们必须要和员工一起工作,在提供品牌拓展机会之前,搞清楚品牌的核心特征。"飞人乔丹"很好地拓展到了其他和篮球相关的消费品牌中，如耐克（Nike）鞋。迈克尔·乔丹是顶级的篮球运动员，但是乔丹还想努力重塑自己成为一个小职业棒球队联盟的球员，同时成为华盛顿奇才队（Washington Wizards）的所有者或管理者，但是他在篮球方面的技能不能带过来。超越工作内容的"延展性目标"可以成就专业技能、提高品牌认知度，甚至可以在不破坏品牌核心价值的前提下提高客户的忠诚度。但是如果人们发现自己喜欢他们的拓展，同时却忽略了考虑他们的核心要素，那么主管们应该考虑开发一个全新的品牌——也就是，让员工在公司品牌伞下创造价值的新方法。

底线：成为一个品牌人物和管理品牌有着很大的不同，但是个人和公司都可以从品牌化中受益。普萨克提到，关键是要认识到"一些人喜欢在大企业里工作，还有一些人喜欢在自己的企业里工作。但是两种类型都平等地存在于社会、政治以及经济互惠这个巨大的网络之中。没有人是孤立的，我们也不能那样生活，那样我们会成为精神病患者的。"了解每一个品牌人物在哪里相对于其他人会做得更好，从而创造一系列工作机会——全职、兼职以及自由职业，可以帮助你很好地管理每一种类型的人才。

参 考 阅 读

In Good Company: How Social Capital Makes Organizations Work by Don Cohen and Laurence Prusak (2001, Harvard Business School Press)

Brand New: How Entrepreneurs Earned Consumers' Trust from Wedgwood to Dell by Nancy F. Koehn (2001, Harvard Business School Press)

The Brand You 50 (Reinventing Work): Fifty Ways to Transform Yourself from an "Employee" into a Brand That Shouts Distinction, Commitment, and Passion! by Tom Peters (1999, Knopf)

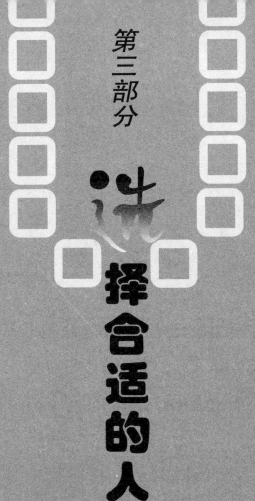

第三部分

选择合适的人才群体

成功的公司会选择合适的人才群体，不管他们是在寻找领导、类似顾问一样的临时工作人员，还是从以前忽视的群体（如残疾人）中选拔新人。通过弄清楚要寻找什么样的人才，以及开始考虑那些以前没有考虑过的群体，你可以显著地拓宽你的选择范围，从而提高找到最佳人选的概率。

在接下来的几个章节里，你会发现一些好的建议，帮助你在你的部门里发展有特殊能力的领导者，同时帮助你评估内外部候选人的领导潜力。你还会发现，如今最好的管理者懂得如何管理包括临时工、顾问以及虚拟团队在内的流动性人才。但是要找到这样出色的领导者则需要一些创造性和灵活性。

评估、筛选、咨询顾问并利用未曾接触的劳动力资源（如有残疾的工人）也需要特殊的策略，本部分总结了两篇文章专门讨论这个问题。

斯蒂芬·J.纳尔逊

Stephen J. Nelson

1. 知道在你的领导力层级里都有什么吗？

斯蒂芬·J.纳尔逊

2002 年的一些迹象表明,美国经济已经摆脱了低迷。这当然是个好消息,但是对于那些需要加速成长的公司来说,也带来了一个残酷的现实:他们没有用于加快发展所需要的管理人才。

南非约翰内斯堡贝恩公司(Bain & Company)的副总裁迪安·多诺万(Dean Donovan)曾说过,很多公司的战略目标超越了员工能够达成的能力。这些公司"明显缺乏人才"去实现从 A 到 B 的转变,然而解决绩效问题的方法与招聘更多或更新的员工关系不大,重要的是根本的领导力差距的问题。

领导的工作就是要创造有效的合作。依照公司的战略目标框架,适当拆分工作责任,最大限度地利用员工的专业技巧和能力。当一个公司在达成公司整体目标的过程中遇到了困难,就需要进行进一步的拆分,此时领导者需要提高他们的拆分技能。

通常,公司习惯于利用差距分析来明确需要弥补的劣势,但是很少有公司考虑要应用差距分析来进行他们领导力的开发活动。多诺万认为现在正是应该如此行事的时候了。

密歇根大学商学院组织行为和人力资源教授诺埃尔·M.蒂奇(Noel M. Tichy)也认同这一观点。他说:"与我合作过的许多公司需要重新考虑他们的领导层级,"早在70年代,一些能源公司就能够预见未来10—15年发展过程中对领导人才的需求,同时相应地开发他们的人才计划,也因此而为大家所熟悉,"如今你将很难找到可以模仿的例子了。"

现在,一种新的商业模式在几个月时间里就可能过时,预测未来几年对领导人才的需求还可能吗?当然可以,但是你要抛弃那些曾经在二三十年前流行的方法。你需要更有意识地使你的领导能力和公司的战略目标相匹配,同时你也要加速员工获得所需能力的过程。

蒂奇从1985—1987年,担任通用电气(GE)领导力培训中心主任,他认为,除此之外,还要关注范围更广的能力,"培训领导者的战略制定和运营管理能力已经远远不够了,在如今的知识经济时代,所有的都是关于头脑和协调的游戏。你需要的是可以引领变革,同时控制不确定性的人才;你需要的是反应敏锐的领导者,他们可以帮助其他员工变得更聪明,同时可以挖掘其他人的领导力潜质。"

公司对所需要的领导技能不仅要目的明确，而且应清晰表述，同时他们在帮助员工设计获得这些技能的培训方案上也要更有创造性。

对于领导者来说，工作开始了就永远不该结束

只有在 CEO 们或者事业部的领导们得到优先重视的时候，领导能力的开发才会成功。美国联信公司（AlliedSignal）前任 CEO，现任霍尼韦尔（Honeywell）公司总裁的拉里·博西迪（Larry Bossidy）已经在领导力开发方面确立了他的权威地位。在联信工作最初的两年里，博西迪在《执行：如何完成任务的学问》（*Execution：The Discipline of Getting Things Done*）中写道，他每天要花费 30％—40％ 的时间用于"招聘，提供正确的经验分享，还有发展领导人才。"

博西迪说，这样的工作"不能简单地交给其他人去做。"原因在于，作为一个领导者你必须负责定调，必须知道你的团队是如何在行业里同其他人竞争的。你需要确保公司里到处都是公正的评价，这样的评价必须能确认员工能做好什么，以及他们还需要提升什么。你需要了解"谁在指导你的员工，特别是那些好员工，"同时，你必须是那个能抵御因没能去除不良绩效者而

产生惰性影响的人。

此外,在你评估一个候选人的能力时,仅仅看他是否适合工作 A 是不够的,你必须判断他是否能够成长,从而可以适应工作 B。然后询问自己要用谁来填补工作 A 的空缺。对于这些问题的关注是非常重要的,因为它将培育一个开发管理能力的思维模式,会在整个部门或组织中蔓延。

在领导力层级中应用差距分析

讨论领导力拓展的话题可以增强组织对于这类问题的意识,就需要进行一次完整的领导力差距分析。要做好这个分析,就需要弄清楚从战略计划细分出来的每一个目标所需要的领导能力。然后评估现在的领导团队与需求之间的匹配程度,同时找出不足。在整个年度的进程中,无论何时进行战略目标的修订或增改,都要评估相应的领导能力。

一旦差距被找出来,那么以下三个方面的事情就变得重要了:

供给。当你要实现战略目标时,将具备所需技能的人组织到一起,你必须要做些什么?

配置。多诺万说："很多公司有足够多的人才，但是他们没有将人才放在正确的位置上，如果核心业务没有实现其应有的潜力，那么这些人才就需要被转移到战略核心中来。"

执行。你需要开发什么样的流程来确保员工知道他们需要做什么，同时确保他们有动力去做那些事情？

多诺万的一个客户就其人才库开发了一个 5 年模型，把损耗率和招聘期望结合起来。预测结果显示：如果公司按照常规的速度发展，与实现公司战略目标时对管理人员的需求相比，人才要少 15%。基于这个分析，企业开始制定一些象征性计划来降低损耗，同时通过努力补充新员工来提升公司的产出。越来越多地将交叉培训和交换管理结合起来，这样做的目的不仅仅是将人员从人才过剩的非核心业务中抽调出来，安排到具有战略意义的关键业务上，而且是要提升组织的整体能力，以期在快速多变的动态市场中抓住更多的机会。

多诺万认为："人力资源部门可以促进这些工作，但是领导层必须推动它。"不仅仅资深主管和领导要主动加入到主要员工的"交叉绩效考核"工作中来，还要确保在人力资源方面的投入"可以带来更多的回报。"

多诺万说："近些年来，知识和方法都发生了重大

119

的变化,可以使公司通过更有效的途径来评价他们对于领导人才的需求。"例如,跟踪主要绩效指标的软件使得监控领导力所需的主动性成为可能,同时也使"依照目标评估员工绩效"成为可能,在领导能力的平衡供给方面有了较好的管理。多诺万谈到,如今主管们可以更仔细、更严密地评估"在产品、成果或者最终结果方面,他们需要做什么以及他们需要什么样的人才来做"二者之间的差距。

博西迪曾说过,公司通常会避免评估领导能力的差距以规避风险,"这种倾向的前提是你很完美——没有任何差距。但是真实情况是你可能会有差距,因此你必须不断地探索和改进。"

生产力,不是承诺

差距分析方法的意义之一在于,它可以使你清晰地表达本公司的领导力所要求的基本技能和态度。从20年多年前开始,必备能力列表就已经有了明确的改变,那个时候领导力开发只是在大公司里比较流行。例如,博西迪已经开始更多地关注员工的实际生产力而不是他们的承诺。他说,更加注重那些"能够完成和执行工作的员工。"

同样,福特汽车公司执行发展部的经理汤姆·格兰

特(Tom Grant)相信那些"能够快速学习和做事情的人"比起那些认为手头的工作和职责不能发挥他们天赋的人更有价值。

福特的管理开发系统正在鼓励部门领导和各生产线主管加入到有关领导力差距的讨论中来。常规的讨论可以使所有层级的领导获得帮助，来思考他们所管理的岗位——那些岗位上的人擅长什么，他们的职业期望和兴趣是什么，还有就是谁可以进一步发展成为接班人。

实 时 学 习

领导力交流中心的执行发展顾问苏珊·恩尼斯(Susan Ennis)曾说，很多针对弥补领导能力差距的解决方案都"太温文尔雅了，解决不了什么问题。"她提示说，一个用来界定高潜质员工的分析系统可能成为一个障碍；取而代之给员工安排一些拓展性的任务太重要了。蒂奇同时说："新的能力开发项目只包括以前项目的20％，而如何给员工提供合适的工作体验要占到80％。"

换句话说，重点是实时学习，从而代替课堂指导。蒂奇是《领导力循环：伟大的领导人教授公司取得成功》(*The Cycle of Leadership*：*How Great Leaders*

121

Teach Their Organizations to Win）一书的作者，他说："21世纪与学习型组织相对的教育型组织将很普遍。"他解释说，在教育型组织里，学习行为不再像学习型组织里那样被动地发生。"教育型组织中每个层级的领导者都努力将使他们的员工和自己更聪明作为自己的责任，同时在培养下一代领导者。他们更强调在行动中学习，CEO和高层的领导者都被包括进来。"

在百胜餐饮集团（Tricon Global），CEO大卫·C.诺瓦克（David C. Novak）每年要亲自讲授10次为期3天的课程。家居零售商——家居货栈（The Home Depot）的董事长罗伯特·纳尔代利（Robert Nardelli）期望他的高级经理们在碰到有意义的学习机会时，就能在门店进行一次宣讲。

蒂奇说："领导能力开发已经不再是只有在未联网的状态下进行的事情了。它必须成为公司每天生活的一部分，渗透到组织的每一个活动中去。"

2. 你的高层主管们应该具备哪种经验学习？

斯科特·D.安东尼

克莱顿·M.克里斯滕森

Scott D. Anthony

Clayton M. Christensen

2. 你的高层主管们应该具备哪种经验学习？

斯科特·D.安东尼

克莱顿·M.克里斯滕森

每个人都知道公司要寻求新的创造性成长必须组建正确的管理团队，但是你怎么知道一家你感兴趣的公司已经人尽其才了呢？

思考一下《华尔街日报》(*Wall Street Journal*)上的两篇文章。其中一篇描述了旧金山的牛仔裤制造商李维斯(Levi Strauss)是如何聘请了休斯顿润滑油制造商——宾州石油(Pennzoil)的一个高管，从而帮助公司成功地将牛仔裤卖进了零售业巨头沃尔玛公司。

另外一篇描述了一家新的航空的士公司。这项名字叫 Pogo 的服务是由两位企业家共同创造的，即AMR(美国航空公司的母公司)的前任 CEO 罗伯特·克兰德尔(Robert Crandall)和唐纳德·伯尔(Donald Burr)。伯尔是低折扣航线的先锋——人民航空公司(People Express)的创始人。

这两家公司都有正确的管理者为公司定期设定目标吗？"经验学习"的概念（schools of experience）使我们相信李维斯绝对做到了这一点，但是航空的士的服务提供商则做错了。

回顾过去，展望未来

南加州大学商学院教授小摩根·W. 麦考尔（Morgan W. McCall Jr.）在其 1998 年出版的《高瞻远瞩：培养下一代领导者》（*High Flyers：Developing the Next Generation of Leaders*）这本书中介绍了经验学习的概念。基本的观点是，管理者们在每天与工作中遇到的挑战的较量中，不断发展自己的能力。换句话说，出色的管理者是塑造出来的，而不是天生的。

因此，如果你想预测一个专业的管理者能否成功地处理一次特殊的挑战，你需要评估这个管理者是否具备相应的经验学习——也就是，他以前的工作职位是否给他带来了经验同时又教会了他策略方法，从而使他能够解决一系列新的挑战。

一个从来没有机会面对特殊挑战的管理者只能自然地接受以前的成功经验，但是这在新形势下恐怕就不管用了。

事实上，过多的行业经验可能成为一件坏事。

经验学习的概念点出了为创新成长而寻找人才的公司所犯的两个错误。第一个错误是把行业经验看得太重；第二个错误是盲目雇用"空降兵"，而没有提前考虑是否在本公司内部有员工已经积累了必要的经验。

行业经验可能被高估了

当一个公司要进入一个新的行业时，建议者们通常会强调要获得成功，企业必须有很多的行业专业经验。在某些情况下，这些建议可能很正确——但是也可能是错误的。如果一个公司试图采用颠覆性的商业模式来动摇一个成熟的行业，那么聆听过多的行业专家意见可能是一件很糟的事情。

"专家意见"意味着当管理者们面对常见的行业挑战时，他们会自然想起常见的行业解决方案。但是当一个公司倾向于推动变革时，它就需要新的解决方案和新的战略。

思考一下伯尔和克兰德尔的创新。当然，他俩都清楚航空行业的里里外外。但是，如果他们的目标是打破这个行业，他们都可能因缺乏重要的经验学习而阻碍他们发挥能力走向成功。

　　克兰德尔和伯尔,以及伯尔的儿子卡梅伦(Camer-
on)一道已经筹集了 600 万美元的风险投资基金,用来
开办一项使用微型飞机、遵照飞行需求,短途的点对点
的航空业务。他们的价格较头等舱要有竞争力,然而,
服务也不像包机那么贵。

选择最好的路径进行颠覆

　　如果他们出对了牌,新兴的航空的士业务当然有
潜力打破目前的行业格局。最佳成功的路径(对未来
的变革者而言都会如此)是要找出不消费群体:那些没
有技能和经济实力来进行点对点短途飞行的人。例
如,服务的提供商将会瞄准那些拥有距离远,应用现有
服务设施有困难的供应商的公司。

　　我们担心的是伯尔和克兰德尔的经验学习会导致
他们恰恰做了相反的事情,也就是,为了竞争,只针对
最重要的短程航线提供替代性服务,例如在波士顿和
纽约之间。

　　这个方法或许有效,但也很容易激起航空业领头
企业的竞争性反击。

　　　当一个公司倾向于推动变革时,
　　它需要靠新的解决方案和新的战略。

简言之，他们的经验学习会将伯尔和克兰德尔引向"竞争现有消费"的模式，而不是"寻找不消费群体"的模式。

　　第二个错误在于，基于对环境的错误认识，在没有考虑清楚到底需要什么类型的外部经验的前提下，从外部找人。经验学习模型认为，把管理人员划分为"内部的"或"外部的"是错误的，如果一个外部的候选人不能弥补公司管理团队的重要的经验学习差距，那么选他意义不大。

　　最好把管理人员划分为"具备正确的经验学习"和"还没有具备正确的经验学习"这两类。

　　一个候选人来自组织内部还是外部并不重要，重要的是他是否曾经经受过新的企业肯定要遇到的那些挑战。

沃尔玛的经验打破了行业常规

　　李维斯把特德·福克斯（Ted Fox）从宾州石油挖走聘为高级销售经理是有原因的。这个服装制造商准备进行一次艰难的变革，要达到从消费品制造商转变为大规模市场零售商之间的权力平衡。

　　长期以来，李维斯通过在相对高档次的商店销售自己的产品，一直在努力和低价零售现象相抗争。在过去的 6 年中,李维斯的销售额下降了差不多 40%,显然,公司需要通过沃尔玛或其他折扣店来销售产品才能生存。

但是和那些李维斯的经理们以往面对的客户相比,与沃尔玛的合作提出了一个全新的挑战。首先,李维斯不得不设计分销模式以适应沃尔玛的低价格、高周转率的模式;不得不寻求利用低价产品赚钱的方法;同时作为跟随者而不是领导者,还不能感到不自在。

李维斯很聪明,想要从一个应对这种挑战有很长历史的公司挖一个人过来。虽然福克斯缺乏服装生意方面的经验,但是因为他曾经解决了和沃尔玛合作的挑战,他将提高李维斯这次成功转型的概率。

虽然李维斯最初曾经努力转变自己的商业模式,但是在当年第一季度其销售上涨了 10%,迹象表明它找到了通向成功的办法。

通过将其招聘决策的基础建于缩小可能面对的挑战和团队所具备的经验学习之间的差距上,其他公司也可以如此容易地加大他们成功的机会。

参 考 阅 读

"*Disruption Spreads Its Wings,*" *Seeing What's Next*:
Using the Theories of Innovation to Predict Indus-

明招聘

try Changes by Clayton M. Christensen, Scott D. Anthony, and Erik A. Roth (2004, Harvard Business School Press)

High Flyers: Developing the Next Generation of Leaders by Morgan W. McCall Jr. (1998, Harvard Business School Press)

"Taxi! Fly Me to Cleveland" by Scott McCartney (*Wall Street Journal*, May 19, 2004)

"In Bow to Retailers' New Clout, Levi Strauss Makes Alterations" (*Wall Street Journal*, June 17, 2004)

3. 争夺管理人才的战争

3. 争夺管理人才的战争

承诺五位数的奖金红利、美甲护理、免费用宝马车,这些是去年公司招聘景象的主要特征。顶尖职业人才的缺乏,加上快速成长的经济以及媒体的疯狂炒作,迫使很多公司为了使潜在的人才签合同而愿承诺任何条件。

但是这是前几年的事情了,恰恰从那时起,形势发生了一些转变。公司在寻找候选人时不再那么狂热,当然很流行的薪酬福利补偿手段方面也少了些压力。即使是这样,主导权仍然在求职者手里,而不是招聘者手里。人员的流动性增强,人才市场更加有效率,找工作的人较以前有了更多的选择。更重要的是对于高端人才的需求仍然空前的高涨。

解决办法是什么呢? 创造一个强大的领导层核心,靠一个足够大、流动性强、足够灵活的人才库来完成这项工作。这代表了一种新的范式,在你如何考虑你的团队和职位方面需要很大的转变。我们警告那些和我们交流的招聘主管,对于那些没有认识到这一转变的公司,可能在人才的争夺战中阵亡。

为工作,而不是为职位招聘

布鲁斯·塔尔根(Bruce Tulgan)是造雨者思想管理咨询公司(Rainmaker Thinking)的总经理,也是《赢得人才大战》(*Winning the Talent Wars*)的作者,他曾说过在这个快速变革的时代,信息并不总是好东西。"定义自由人才市场的因素上下不定,很快出现了商机,然而机会又会很快消失。真正的挑战是在你招聘时,要补充尽可能多的你所需要的人才,尤其在你所需要的专业领域相关的人才还很少的时候。"

20 世纪 90 年代初期发生的裁员、重组、组织再造浪潮标志着一个长期的雇用模式的终结。但是在经济刚刚复苏的时候,很多公司认为人少不是那么重要。塔尔根说这种想法是错误的。"公司需要瘦身,同时也要灵活,也就是要保持一个强大的核心团队。只要你的流动性人才库在不断变大,同时你拥有了管理这个人才库的技能和系统,你就不必担心你的核心团队正在变小。"

很多雇主都已经有了自己的流动人才库:他们找外包业务,找临时代理公司,请咨询顾问来,一切都基

于现实的需要。然而,塔尔根说他们需要更好地管理这些人才,并且给出了两条建议:

确信你的人才库范围够广、领域够深。终究,你第一个打电话请他承接项目的人可能在你正需要他的时候没有空。

基于技巧和绩效能力,要开发一个系统来组织这些人才。开始时假设你在找一个人完成一项特殊的工作。但是如今很少有人认为自己会在一家公司工作很久。而那些能完成这项工作的人可能是兼职的,在家办公,有灵活的工作时间,或者享受一年的公休假后再回来工作。正是由于这些人不必在办公室工作很久,你才需要用新的方法来追踪他们。创建一个数据库来记录关于潜在临时员工的技能的详细信息、工作背景,以及联络信息。然后在项目需要补充人力的时候,你可以通过这些外部资源来补充人才缺口。一个非常好的,却常被忽略的建立数据库的方法是记录那些已经离职的员工的信息。塔尔根建议,"避免人才彻底地离开公司,将他们放入预备队中,在需要的时候将他们请回来。"

通缉：新类型的领导者

如今的流动人才库给管理者们带来了新的压力。与管理一个来自同一地方的全职人员组成的团队相比，管理一个由兼职、时间弹性、具备相当高技术水准的虚拟员工组成的部门，并且要创造出高的业绩将是一个很大的挑战。不是所有的管理人员都能应付随之而来的差异性和不确定性。更糟糕的是在未来的 15 年中，进入高管团队的优秀管理人才（35-44 岁的人）预期将下降 15％。

因此你如何才能找到能应对这一挑战的管理者呢？麦肯锡公司近来的一次调查，即"2000 年的人才战"（*War for Talent 2000*）的答案表明以前的招聘方法或许不再有效了。根据这项调查了 56 个公司的研究的合作者之一——海伦·汉德菲尔德-琼斯（Helen Handfield-Jones）的观点，使高绩效公司与低绩效公司明显区别开来的是彼此对于招聘工作的不同态度。高绩效公司的领导亲自进行招聘。汉德菲尔德-琼斯提到，具体来说，就是"投入时间在公司里深入参与录用决策，同时为其他人确立标准。"其他的一些应对的办法有：

时时刻刻寻找人才

你总是想通过各种渠道找到优秀的人才,塔尔根说,"我见到一些管理者在不断地进行招聘——他们手里有许多通过了面试的人选,因此他们可以很迅速地招到很多人。"汉德菲尔德-琼斯也同意这一点:"招聘程序要更以人才为中心,而不是以职位为中心。"

进行更广泛、更有想象力的搜寻工作

"你经常习惯于去同样的 5 所学校,或者只从同一个行业里找人,"汉德菲尔德-琼斯说,"但是如今这些群体已经被发掘过度了——如果你只是将自己局限在传统的小范围资源里,你将不能找到足够多合适的人选。"要打破传统的模式,去寻找来自不同的教育背景、不同行业以及不同国家的人。同样,也不要抱着传统思路等待求职者主动来找你——在这个年代,你要做猎头的工作。

不足为奇的是,在这里因特网可以成为一个价值不可估量的工具:通过网络大约有 250 万份简历被放在大约 10 万个和求职相关的网站上。但是如果你想了解管理人才的更多隐藏的资源,类似先进网络招聘战略(Advanced Internet Recruiting Strategies)这样的

公司可以教会你如何不通过进入主页而找到你想要的公司网页。这些内容,包括公司的目录,或者一个很热门项目的工作人员的名单,这样的网页可以说是金矿。

像对待客户一样对待求职者

彼得·卡佩利(Peter Cappelli)在《哈佛商业评论》(*Harvard Business Review*)中写道,今天的招聘方法就如同市场营销过程一样。"应该像对待客户那样对待今天的求职者:仔细确认瞄准目标,通过公司或品牌吸引他,然后售出职位。"从第一次接触到发出邀请,整个过程要快并且还要令人愉快。除了传统的招聘职责——即通过面试确认是否合适外,你有必要执行销售过程的每一步。正如同你要花很大努力去维系一个最忠实的客户一样,你有必要推出一些补偿性的政策,去吸引那些可以使一个动荡的团队创造高业绩的管理者。

汉德菲尔德-琼斯说:"在信息时代,人才是创造价值的关键,一个伟大的天才相对于一般的人才而言会有更大的影响力。"在未来的10到20年中,导致人才战争的深层次的结构性力量还将进一步增强。在可以预见的未来,创造如今这个流动人才库的条件还将继续存在。

简言之,拥有优秀的人才从来没有如此重要过,管理优秀的人才也没有如此复杂过。这也是为什么要找

到合适的领导来管理这些人才，从来没有如此至关重要的原因所在。

参 考 阅 读

Winning the Talent Wars by Bruce Tulgan（2001，W.
W. Norton & Company）

"Making the Most of On-Line Recruiting" by Peter
Cappelli（*Harvard Business Review*，March 2001）

4. 如何选择顾问,并一起工作

汤姆·罗登豪塞

Tom Rodenhauser

4. 如何选择顾问，并一起工作

汤姆·罗登豪塞

《危险的公司》(*Dangerous Company*)这本书通过批评一些顶级咨询公司提供了不好的方案，在前几年引起了一阵轰动，其中波士顿咨询公司(Boston Consulting Group)和摩立特咨询公司(The Monitor Company)被点了名。这并不奇怪——相对隐秘的管理咨询业还不曾接受过公众的详细审查，因此有时还是很敏感的。虽然作者詹姆士·奥谢(James O'Shea)和查尔斯·马迪根(Charles Madigan)的确试图聚焦敏感案例，在一些由热转冷，最终对簿公堂的咨询业务关系上，他们的陈述无论如何强调了在挑选顾问以及彼此合作时，"买的不如卖的精"这句格言的重要性。

那么什么样的项目最适合请外部顾问呢？如何选择最匹配的顾问或公司呢？你应该期望什么水平的咨询服务？维系关系最重要的是什么？在与顾问有效合作方面，《哈佛管理前沿》(*Harvard Management Update*)提出了如下观点：

什么时候请顾问

通常有两个原因会选择咨询公司。首先是有特殊的问题要处理——如一个陈旧的账单处理系统需要彻底检查，而公司内部没有相应的专业人员。第二个原因是你在考虑一个商业战略——譬如你的公司正在考虑拓展欧洲市场——需要来自外部的、客观的建议。顾问是第一位的，也是最重要的建议者，对于只有你自己（或你的公司）能够完成的前期工作，他们的建议是没有意义的，因此在聘请顾问之前，请先问自己 4 个问题。

你是否很清楚地理解项目的目标？

客户和顾问经常会针对最终目标持有不同的观点，而且目标经常被模糊地定义（如"优化业务流程"）。一项咨询业务如果没有具体可测的目标，结果通常会令人失望。因此在和顾问取得联系之前，要搞清楚项目的范围和目标。

在组织和资金方面，管理层是否全力支持顾问的使命？

高层主管如果不参与咨询项目肯定会导致项目失败，最常见的现象是一线管理人员在发起咨询服务，而并没有得到高层的支持。相反地，资深主管可能将他

们喜欢的顾问强加于某些主管之上。内部的分裂既浪费时间又浪费金钱，而且引发不信任，最终毒害了项目。在项目执行之前要在对外部顾问的需求问题上达成共识。

合作应该在什么时间结束？

咨询和外包是两个完全不同的活动。业务流程管理，作为外包的委婉说法，是公司和外部代理机构之间的长期合作以保持核心业务的运转。咨询活动则需要有始有终，聘请管理顾问来负责整个业务是不明智的，最终也是无效益的，这就是开放式操作的结局。

项目结束后，咨询公司能继续提供必要的持续性支持吗？

咨询就如同做训练：没有后续的真诚付出就是在浪费投入。要保证不断的成功，就要落实咨询公司项目的后期追踪。

找到合适的顾问

对于那些不熟悉这个行业的人来说，这是个让人望而却步的任务。一些数据库和企业名录公司，如邓白氏（Dun & Bradstreet）和盖尔研究（Gale Research）确认目前业内已经有超过 200 000 家的咨询公司。同样的数字也可以在欧洲和亚洲找到。这些资源对于查明这些公司服务的行业、地理位置以及他们所能提供的服务内容都很有帮助。很多大的咨询机构在主要的城市都有办事处,从而很容易取得联系。越来越多的小公司通过在网络上做广告来宣传他们的服务,或者通过一些经纪服务公司来宣传,如专家市场论坛(The Expert Marketplace)或管理咨询网(Management Consultant Network)。

提　案

一旦你已经确定了一些可能的候选者,就要向他们要提案。把提案看成是咨询师的名片。在任何情况下都不要为提案付费,或者同意"握手交易"表示对咨询服务的认可。即使没有固定的提案模式,一个精心设计的文档应该可以清楚精确地回答以下问题。

➢ 顾问明白问题出在哪里吗?

➢ 解决问题的方法和步骤是否得到了清楚简洁的描述?

➢ 带来的利益可以量化吗?

➤ 咨询团队的资历和经验如何？

➤ 要花费多少钱？

仔细地研究提案会使你明白这家咨询公司是否适合于你的公司。行话连篇但是不能明确定义最终产品的提案是没用的，CSC 咨询集团的托尼·阿庞特（Tony Apante）说，"客户需要清楚地了解在什么时间，将给出什么样的结果。"

顾问们很少向外部人士描述他们工作的细节，担心泄露客户机密。因此使得深入了解变得很困难——然而这依然是很重要的。问问最终入围者那些和你们公司的项目非常类似的客户都叫什么、有多少。

费　用

和客户签约之后，费用级别在顾问中是最敏感的问题。大部分咨询服务按每日工作计提薪酬，长期的项目才用长期的顾问。从表面上看费用可能会很高，但是好的咨询服务是值得的，特别是在成果能够清晰定义的时候。"建立清晰的评估标准需要时间，"管理顾问玛莎·卢因（Marsha Lewin）说，"但是这个过程使顾问和客户可以建立用来评价绩效的标准。金融关联尤其重要,这样客户可以将投入的资金和从项目中得到的收益做对比分析,当然顾问们也会清楚从参与工作中能够得到什么。"

如何能够保证成功

咨询服务仍然是由个体提供的个人服务。由于口碑意味着公司的文化,这或许是评定顾问工作是否适合公司和公司需要的最可靠的指标。"要基于个人和组织之间的匹配来挑选顾问,"道格拉斯·弗格森(Douglas Ferguson)说。他是规划技术集团的合伙人之一。"好的客户和顾问之间的关系是基于信任建立起来的,基于顾问会努力工作以求未来给组织带来一些影响。如果顾问不是很适合,那么信任度和影响力都会降低。"此外,很多咨询项目在客户不履行其维系客户关系责任的情况下都失败了。咨询公司通常会安排一位项目经理来指导他们的团队,客户也应该这样做。

90％的咨询项目都不会在《危险的公司》中找到它们的影子,因为它们是成功的。而且,顾问也不是奇才,客户也不是孤立无援的——双方都有责任来确保合作达到预期的效果。如果有任何一方没有履行合同

约定,双方都要受到责备。

在和咨询公司签约之前要问的问题

这个公司以前从事的哪种项目是可适用于公司面临的难题的? 咨询顾问是在多种广泛的业务领域进行实践的专家。尽管如此,选择一家在处理公司目前所面临问题的专业领域有成功经验的公司能得到更好的服务。

咨询公司通常的名声怎样,特别是在你所在的行业里? 对咨询公司一个最大的批评就是他们让大批的MBA来研究客户的行业。外部视角是咨询过程的基础,但是如果聘用一个对你的行业不了解的顾问是很危险的。

谁是项目的领导或项目经理,他的背景和经历如何? 咨询公司在对客户进行"偷梁换柱"方面是出了名的:通过完美无缺、高度诚信的合作伙伴迷惑客户签署合同,然后就由初级的咨询顾问出面进行相关工作。

顾问团队其他成员的背景如何? 咨询是具杠杆效力的行业:在高级顾问的指导下,初级的人员做大部分

147

的分析工作,了解初级顾问人员可以建立信任和信心。

针对每一个项目,公司应用附加价值的专业衡量标准是什么? 相比运营导向的顾问,战略顾问通常会采取更加软性的令客户满意的技巧(客户调查),而前者经常是把费用和特殊的进展相挂钩。顾问们越来越多地在同客户的工作中考虑一种股权份额作为付款形式,希望通过他们的努力来提升这种股权份额的价值。

咨询公司能够提供一个关于费用的明细吗?包括团队成员的所有费用,还有事务性的费用以及现金支付的费用? 更大型的公司经常会有更多的日常管理费用,因此需要将这笔费用分配到他们所提供的咨询服务之中。同时,客户应该很清楚地了解费用的产生以及和具体咨询服务的关联程度。

咨询公司能够保证服务质量吗? 大部分咨询公司都会努力令客户满意,但是很少有公司能够提供100%的投资回报保证。在项目规划阶段,要确保他们提供的可实施方案尽可能的精确。

咨询公司能够进行项目完工后的分析吗? 一些顾问在每一个项目上都会坚持后期押金政策。这是企业质量保障的象征:很显然这些公司对于提供一流的服

务很有兴趣。

  这个咨询项目会对你的公司产生什么样的运营影响？ 顾问应该帮助你重新构造你的业务范围，若是只达到 10％ 的经营收益，你不需要帮助——别理会那些只作出如此微利承诺的顾问。

参 考 阅 读

Harvard Business School 1999 Career Guide：*Management Consulting* edited by L. Neil Hunn（1998，Harvard Business School Press）

Consultants and Consulting Organizations Directory，*1999 19th Edition*（1998，Gale Research）

Dangerous Company：*Management Consultants and the Business They Save and Ruin* by James O'Shea and Charles Madigan（1998，Viking Penguin）

How to Select and Use Management Consultants（1994，Association of Management Consulting Firms）

小威廉·C. 哈吉斯
William C. Hargis, Jr.

5. 人才短缺？这里有未利用的劳动力资源

小威廉·C.哈吉斯

在这个世界上，工业洗衣店似乎不是最光鲜的工作场所。这里闻起来化学药品味道很浓，而且很热。我的工厂有 60 名员工，他们对脏衣服进行分类、称重，然后洗涤、烘干、压平，最后叠起来。在一个失业率只有 2.3% 的城市里找人做这些工作，曾经是个很残酷的挑战。后来，一个很多管理者们从来没有想到的群体帮助了我——残疾人。

我所负责的工厂在美国弗吉尼亚的科洛尼尔海，那里曾经是我们公司薪水最低的单位之一。如今我们的薪资水平很有竞争力，但是在 1998 年我刚到那里的时候，我们每小时仅支付 5.45 美元，而其他地区的雇主能给那些非熟练劳工支付 6.30 美元。

我最初在当地报纸上刊登过招聘广告，接到了一个自称是 Richmond 地区就业协助队（Greater Richmond Employment Assistance Team）的管理人员的电话。他问我，"你是否考虑过招聘残疾人？"他说，弗吉尼亚康复服务部门(Virginia Department of Rehabilitative Services)每月召开面向全国、各州、各地市代理机构的会议,在会议上企业代表们可以讨论他们的业务带来的工作机会。我说可以把我安排进去,后来他真的这样做了。结果反响很好,我开始邀请社会工作者和求职者到我们工厂参观,这样他们可以了解到关于职位的信息和功能。参观之后,我会问他们自己认为可以做些什么。

最初我的主管认为我疯了,在工资簿里加了那么多人,甚至还有兼职的。我告诉他们,对于一个能够让一个残疾人工作 400 个小时的公司,会有联邦税务激励计划。我感谢联邦激励计划,使我可以用一份薪水来雇用两个人。这就是我成功的秘诀——但是说实话,我真是极其需要人来做这些工作的。

我雇用了一位坐在轮椅上的员工,他的身体脖子以下有残疾,而且手也不灵活。但他认为自己可以背靠在工作台上,做给脏毛巾计数和称重的工作。

社会工作者负责安排他上班,并陪着他工作了几周。他的操作台是一个被洗烫吊锁围起来的桌子,那些吊锁打开将毛巾放在手推车上。开始的时候吊装车太高了,他不得不伸手去够,很快就累了。后来我们的维修工人作了一个坡道来将他升高,现在他可以向下给吊装车扔毛巾了。

当他完成了一件工作之后,他来找我和车间主任说,"我还需要做些事情。"我们会问,"很好,那么你能

做其他什么事情呢？"他说，"那边的工作，我认为我能做。"就这样他目前熟悉了三四个不同的岗位。例如，他的工作之一就是梳理衣架。那些衣架过来时经常一下子会混乱地缠结成一团，没有人有耐心去分类，因此就堆放在一边——尽管每一个价值4美分。现在从这些二次利用的衣架上，每个月可以节省上千美元。

另外一个坐在轮椅上的员工从腰部以上都能很好地活动。他用条码扫描仪将衣服分类放入不同的箱柜，这非常适合一个人坐在一个地方做。我们已经招录了6个有残疾的人，有两个已经工作超过了一年，在这里算很久了。他们从来不迟到，努力工作，提升了我们的团队士气。

现在代理服务机构会给我打很多电话，最近一次是和一个附近县城的切斯特菲尔德（职业介绍）服务公司（CES）合作。他们承诺可以找来5到8个能全职工作的残疾人来叠毛巾，我们按照每条毛巾付钱给他们，同时CES还会派一位经理并给这几个人支付补助金。

当然我们也不可能聘用每一个提出申请的人，例如一个在听觉方面有残疾的女士，不能与代理公司提供的翻译协调日程，就不能被录用。

在负责这个工厂的两年里，我尝试了各种办法来招人——监狱劳改人员、靠福利生活的人，在当地的教堂附近招聘，甚至要求地方政府在我的车间附近安排

交通中转线。聘用残疾人在稳定性和提高士气方面使
我们大有改观。这在很多方面都令人有成就感，特别
是当方法最终奏效的时候。

第四部分

利用互联网招聘

作为传统招聘手段的补充，如找猎头公司、内部员工推荐等，今天的招聘经理们开始应用互联网进行人才选拔、面试和录用。尽管互联网在很大程度上提高了候选人的可选范围，但是也带来了一些特殊的挑战。

这一部分的文章将告诉你如何更有效地利用互联网进行人才选拔和招聘，包括应用公司网站吸引人才等策略。同时你还会了解到针对网络开发的非常规招聘方法，包括如何在专业论坛上寻找你所需要的专才。

1. 在线招聘？把它做对

1. 在线招聘？把它做对

在线招聘的情况正在呈上升趋势。在互联网上投放简历的数量从 1995 年的 10 万份增长到了 1998 年的 250 万份。同一阶段，根据招聘咨询服务公司——互联网商业网络（Internet Business Network）的统计，包含招聘信息的万维网网站已经由原来的 500 家发展到了20 000家。

潜在的员工会在哪里扎堆儿，公司就会在哪里找到他们。在 Careers. wsj. com 这个网站上，差不多有 2 000个雇主会随机提供平均 35 000 个职位。这个招聘网站是由《华尔街日报》（*Wall Street Journal*）开办的，在美国国内排名前三位。到 2003 年，据福里斯特市场研究公司（Forrester Research）估计，将会有 124 000个企业通过互联网实现在线招聘。如果你的公司已经包括在了这些公司之中，那么要鼓励自己一下：你们已经走在前面了。

不是这样吗？"当我外出走访公司时我通常会问：

'你们正在通过网络招聘吗?'大部分公司会回答是的。但是当我问他们正在做些什么时,回答是:'哦,我们在Monster.com上发布职位信息'或者是'我们在周末的报纸上打广告,同时会在公司网站上刊登招聘信息。'然而这并不是真正地在用在线招聘,"Careers.wsj.com 的主编兼总经理托尼·李(Tony Lee)指出。

那些只是将互联网作为纸质媒体招聘活动的扩展的公司,在充分发挥这种新媒介的效力方面是失败的。网络可以使主管们得到更多的潜在的候选人,探究过去不可能的渠道。此外,网络招聘可以突出公司的招聘重点,通过有创意的电子化手段将自己与竞争对手区别开来。接下来介绍一些这方面的技巧和警示。

扩大候选人范围

特里·威廉斯(Terry Williams)是 T. Williams 咨询公司的高级招聘专家,他认为,在这个紧锣密鼓供需紧张的人才市场中,公司必须利用互联网来得到"主动"和"被动"的人选。"主动"的候选人是那些主动在网络招聘栏里投放简历的人。"被动"的候选人——那些被别的地方雇用的优秀人才——组成了一个庞大的有吸引力的群体。"然而我得说90%—95%的高科技公司在应用网络制定主动探求信息资源策略上是失败

的。"威廉斯说。

如果你的公司已经在通过互联网来在线招聘，那么你已经走在前面了，不是吗？

要赢得那些被动的候选人，威廉斯建议组建一个团队专门负责这件事。他说："从人力资源部门调出几个人来，使他们从客户那里解放出来——不必处理简历，也不必应付面试，让他们对公司要雇用的人选进行调研。"有了相应的数据资料，在线招聘团队就可以不断地在网上找到最佳人选。

例如，如果你的公司需要 Java 程序员，要考虑他们大概的年龄和偏好，如他们大部分在 22 岁到 29 岁之间，更愿意在网上冲浪，他们有可能喜欢到 JavaWorld. com、Java Developer's Journal（www. javadevelopers-journal. com/java）和 Gamelan. com 上浏览 Java 编程信息，还会到 CMPnet. com 上浏览技术新闻，或者到 CNet. com 上看技术评论，到 Tunes. com 上下载或选购音乐，到 ESPN. com 上获取体育信息，到 CNN. com 上看新闻。每个 URL 地址都接受 banner 广告的设置，但没有很多公司在那儿发布职位信息。

利用最好的信息来源

即使在网络时代,一些公司在自己公司的网站上发布职位信息或者设定申请程序时仍然会失败(如,可口可乐公司的例子)。李说:"这归根结底是公司的技术掌握程度的问题。很多公司都在努力地最大限度地应用互联网招聘,这确实不是件容易的事。"

要先期了解的是:只在自己公司的网站上开设招聘专栏或者只利用大的商业网站,如:Monster.com,CareerMosaic.com,或 Career-Path.com 等,这样很难足够快地得到合适的人选,或者几乎什么也得不到。威廉斯说:"这些大的数据库像海洋一样。"那么提升成功几率的一个办法是锁定一个较小的池塘。专注于专业性职位专业领域的网站数量正在上升。例如 Career.wsj.com,给自己的定位是中级到高级管理人才的第一大网站。

在技术层面,互联网另一个有用的然而经常被忽略的特色资源是:用户网系统(Usenet),一个平行于互联网运作的全球论坛系统,它的公告栏在提供工作职位和地点上极其专业。例如,〈fl.jobs.computers.programming〉专门面向佛罗里达的电脑编程人员提供信息。版主要确保发布的职位符合其网站标准。对高科

技企业来说，在用户网上刊登招聘信息的另一个好处是能存储网络精华的历史数据。"任何会使用浏览器的人都可以登录你的网站，但上用户网系统需要些专业技能"。Enroute Imaging 数字图像公司的工程经理洛根·鲁茨（Logan Roots）是这么看的。（但这已不再像以往那样。类似 Intellinews. com 这样的网络公司替注册用户支付登录费用）。

让自己脱颖而出

雇主们在应用互联网方面，与竞争对手相比已经越来越聪明了。很多公司将 Datamasters. com 和 Re-lonetworks. com 直接和公司的网站链接，这样可以让其他地区的申请人来比较生活成本，以及估计安家费用。其他公司在网站上提供简历模板，卡特彼勒公司（Caterpillar）在它的网站（www. cat. com）上提供了可填写的表格，可以让申请人直接填写，避免了通过编写、打印、邮寄简历的拖拖沓沓的过程。这种方式使雇主可以从求职者身上了解想要的特别信息，例如，通过插入一个关于"技术、制造，或者电脑基础技能"的栏目。和简历创建页相连接的是卡特彼勒定期更新的职位列表，按地区、职能和分工来分类。

在线招聘创新奖应该颁给 DVCi 科技（DVCi

Technologies），一个纽约市的 IT 产品营销代理，10 月
在其办公室安装了一台网络摄像机，以便潜在的新成
员了解公司。其网站是 www. recruitcam. com，这台摄
像机准确地显示了 DVCi 公司办公环境如何，以及员工
是如何互动的。汉姆·阿里亚夫（Haim Ariav）说："我
们确实有一个充满乐趣、非常好的办公环境，我想我们
为什么不让大家都知道呢？很多 dot-com 公司在起步
时只在隔间式的办公室或临时办公室里工作。"阿里亚
夫说，结果非常令人满意，每天平均有 40 到 50 人访
问，而且最近录用的人在沟通过程中表示也浏览过我
们的网络录像。"（我们的新设计师）被选中的一个原
因就是因为 recruitcam，她说看上去我们公司很有创造
力。"

阿里亚夫还说，网络摄像可能适合你也可能不适
合你，但如果你的公司落后了，你就需要加快速度，"招
聘已经成了一个市场化游戏，"特里·威廉斯说。"你有
必要在你的公司宣传员工，途径就是互联网。所有的
游戏都已经在网上了。"

恰当处理网络招聘

既然有那么多网站专心于给猎头提供简历以及发
布招聘信息，那么你在招聘时借助网站，这样对吗？

明招聘

不一定。网站招聘信息的低数量和低质量是现在网络热的另一面。

数量

尽管 250 万份简历——今天在线发布的数量——听起来像一个很大的数字，而这对于 1.4 亿的美国劳动者来说，只不过是个很小的部分。旧金山的市场调研公司奥德赛（Odyssey）认为，在美国 1.02 亿个家庭中只有 12% 曾经通过网络找过工作。Career. wsj. com 的托尼·李说："你听说过网络招聘，仅此而已。原因是，这一领域的玩家都在买全美超级橄榄球赛的广告。人们喜欢预测事态将如何变化，而通过网络创立品牌的人得到关注。这和电子商务没有什么区别，如果你留意一下在线零售的状况，它也只占总体销售额很小的比例。"

当然在线招聘肯定会发展，但是目前大多数招聘方式都不是在网上。福里斯特市场研究公司估计在全美国的公司中，只有 15 000 个通过网络招聘，平均每个公司每年仅花费 7 000 美元。

质量

由于大部分人使用网络，它具有非选择性。不管资历和所在地，你的职位信息向所有的人开放。Enroute Imaging 平面设计公司的一位经理洛根·鲁茨

(Logan Roots)说:"网络就是个播放系统,你就像在撒一张大网,谁知道你会抓到什么呢。有特别好的还有不怎么样的。没有什么能保证我在 Monster.com 上能得到想要的一切,可能浏览那些不适合的简历却浪费了很多时间。"

鲁茨坚信,为公司找到出色人选的最好资源还是老一套:来自现任员工的推荐。特里·威廉斯也赞同说:"寻找明星人才的第一来源仍然是员工推荐,应用互联网只是为了提升这种方法。"怎么实现呢? 威廉斯建议在公司网站上开设用户容易使用的招聘栏——确保现任员工会随时获知不断更新的招聘需求。鲁茨喜欢最普通的电子邮件,他说"口碑好是电子邮件的事情而不是网络的事情。"在硅谷,"如果你想了解什么人,电脑工程师的小小世界就足够了,以至于你可以通过电子邮件了解一切。"

2. 在互联网上寻找人才

帕特里夏·那卡什

Patricia Nakache

2. 在互联网上寻找人才

帕特里夏·那卡什

句话：员工是公司最重要的资源。而传统的实际情况是：只要没有必要削减成本，人才就是最重要的，通常在削减成本时我们会不情愿地辞退 10％—20％的员工。然而一个新的事实是：或许我们裁员太多了，当时的就业市场是否很供不应求，还有就是如果我们要推动战略性成长，我们将可能要从外部寻找一些聪明的人才。难怪网络招聘承诺能既快速又经济地找到更好的人才已经开始引发了企业界的兴趣。

成千上万的公司正在试行电子化招聘，一些走在前沿的公司已经将它列入了公司的人力资源战略中。The Good Guys!，旧金山的一个电器零售商，将其公司所有公开的职位信息发布在网上，现在三分之一的新员工都是通过这一途径招聘来的。The Good Guys!和其他先行者们有了一个重大的发现：相当数量的求职者到互联网上去寻找机会——职业介绍公司德雷克·比姆·莫林公司（Drake Beam Morin）的调查显示，

167

有 19％的求职者这么做——同时，考虑到这些网民的特征，这些求职者大都相当合格。

通过网络招聘的公司认为，互联网对于寻找两类人才最有帮助：适合初级职位和季节性职位的大学生，以及那些很难找到的技术型人才。但是登在互联网上的职位类别扩展得非常快。在最大的商业性职位服务网站 Monster Board 上，非技术职位，包括保健、金融、销售、营销，在过去的三年里已经从原来的 10％上升到了 45％。并且发布职位的薪水差距也拉得相当大，从初级管理职位年薪25 000美元，到资深管理人员以及有经验的工程师年薪至少六位数。

简言之，积极推动电子化招聘或许会使公司在人力资本的全球化竞争中获得独特优势。如果你的公司还没有开始通过网络招聘来满足对人才的需求，那么现在是该开始的时候了。以下是如何操作。

充分利用公司网站

如今公司网站很多，但是很少有完全发挥作用的。在招聘过程中，你的公司网站不应只是发布职位信息，而是要向未来的员工宣传公司，同时接收求职申请。视算科技（Silicon Graphics）公司的全球人事总监埃里克·莱恩（Eric Lane）在公司网页上建立了工作机会区，

内容涉及五个方面：特定情境（为了达到什么目的）、内容、轻松导览、功能（为用户提供了哪些工具），以及特别设置（为用户提供的工具）。恰恰是最后两项内容使这个网站有了特色。

谈到实用性，视算科技公司的网站（www. sgi. com）提供了一个叫做"简历创建器"的工具，从而方便了职位申请程序。求职者既可以在线填写一份简历，也可以直接粘贴已经做好的电子版简历。如果符合职位要求，他们的简历将被直接发送给视算科技公司的招聘专员。这些简历会在数据库里保存两年（对于有特殊技术背景的甚至会保存更长时间），未来有机会时还可以考虑。同时还给求职者提供了一个额外的好处：电子版简历也可以发送给别的公司。

要建立一个有吸引力的网站，使用户可"链接"以便于将来查询，更像一门艺术而非科学。莱恩说："你需要在互动过程中增加价值，同时留下一个好印象。"举例来说，视算科技公司网站的大学生互动单元，不但列出了在视算科技参加面试时可能被问到的问题，同时还列出了在微软（Microsoft）和英特尔（Intel）面试时可能被问到的问题，以及可能的应答方式。学生们还可以将他们在面试中被问到的问题补充进来。另外，生活成本分析工具使学生可以比较在不同城市间的薪水购买力。

那么，视算科技的网站究竟多么有吸引力呢？可以由它的成功指标来说明,相当的引人入胜。统计显示,公司目前通过网络招聘了 20％—30％ 的新员工,而一年前这个数字只有 5％。

尝试商业性职位登载服务

如果建立一个最顶级的网站有困难,或者你只想让那些不经常登录公司网站的群体了解公司,可以利用网站的商业性的职位登载服务。为数不多的服务提供商主宰着这个行业,如 CareerMosaic（www.careermosaic.com）以及 Monster Board（www.Monster.com）。但是也有数以百计的其他服务公司,包括提供服务范围较窄的 showbizjobs.com（名字说明了一切）和 coolworks.com（如在豪华游轮或某旅游胜地的趣味性工作）,以及在贸易和学术出版物之外提供工作分类广告的网站。

> **一些公司三分之一的新员工
> 是通过网络招聘的**

应用商业性职位登载服务的经济性非常吸引人。通常,这些服务只对发帖招人的公司收费,但用户可以免费浏览。在周末报纸上做印刷广告要花费数百美

精明招聘

元,但是 CareerMosaic 网上登载并保留一条职位信息
30 天才收 150 美元。而且你登载的信息越多,价格越
低,例如,如果你在 CareerMosaic 上登载超过了 1000
条职位信息,价格则变成每条 8 美元。The Good
Guys! 公司的招聘人事总监特里萨·托勒(Teresa
Toller)介绍说,针对登载的每一条职位信息,平均可以
收到 50—60 条反馈。即使回馈率再低些,通过互联网
招聘的单位成本也会低于其他媒介。

　　从有实力的服务提供商那里,可以得到更多的服
务,而不仅仅是最简单的职位登载。这些服务包括在
职位登载网站上发布或可替代公司网页的雇主介绍,
(CareerMosaic 的用户中只有 50％链接自己的网站),
在招聘网站首页上的旗帜广告,"开放的展厅"(是包括
旗帜广告、公司信息、职位信息)还可以发挥其他作用,
以及链接到提供商的简历银行。

　　如果公司要招的是大学生,应该联系 JOBTRAK
(www. jobtrak. com),一个为全国超过 500 所大学的
在校生和毕业校友提供求职服务的网站。公司登载职
位信息的费用由 JOBTRAK 和学校共同承担。雇主可
以有选择性地只面对专业的大学团体开放信息,如"常
春藤联合会"。雇主通过给学生和注册校友提供免费
入网,让他们了解专门为他们学校提供的职位信息。

　　公司不必在技术上搞得过于复杂,或必须得有
网络准入才能从这些服务上获益。WolffDinapoli 是

171

希尔顿酒店在南加州的连锁加盟商,已经通过 JOB-TRAK 填补了 20 个初级经理助理职位,大部分是来自美国加州大学洛杉矶分校(UCLA)和南加州大学(USC)的毕业生。公司发送职位信息给 JOB-TRAK,然后通过传真接收求职申请。WolffDinapoli 的总经理基思·沃尔夫(Keith Wolff)说:"我们没有和 JOBTRAK 签约是因为它是在线服务,可以帮助我们招募特种类型的人才:譬如拥有电脑技能的大学毕业生。"

要确认职位登载服务确实符合你公司的需求,可以用莱恩建立的视算科技网站时用的 5 个设计指标来评估。比较不同的服务效果和使用率是很困难的,因为它们通常采用不同的衡量标准。不过一定要询问服务提供商为了吸引用户做了什么广告,他们发布了多少职位,以及职位能保留多久。例如,为了吸引用户,Monster Board 在主要的搜索引擎上打旗帜广告,利用无线广播,同时开始采用户外广告。不过据说,可以从招聘分类广告获得利润的主要报纸,拒绝给这些招聘服务机构做广告。

开发非常规的网络招聘方法

对于紧急招聘或那些需要特殊技能的职位,可以

在电子招聘方面尝试一些富有创意的方法。例如你可以浏览用户网（Usenet）——一个可以收集电子公告栏的网站，它通常被认为是互联网的补充系统，关注你需要的特殊专业人才的论坛。论坛的参加者或许是潜在的职位人选，或者他们可能有出色的领导能力。视算科技的莱恩说："通过这种方法我们可能只招到5％的新员工，但是我们的准确度非常高。"然而，也要小心：要避免闯入公开的网络论坛，有选择地应用这种方法。

还可以在点击率高的网站上投放招聘广告或者与之建立链接，特别针对那些你想找到的专业人士。例如，在圣诞节期间，要招聘给店铺帮忙的临时工，The Good Guys! 会和当地电视台的知名网站 KRON 建立联系。

据说，报纸拒绝刊登来自网络求职信息服务公司的广告。

或者，你也可以通过一些网站的简历银行来搜索，包括那些商业性招聘服务公司所经营的网站。Monster Board 为雇主们开发了一个叫做'Cruiter的搜寻代理，可以从简历银行中不断地向你推荐满足你职位要求的候选人。

然而，大部分公司并不愿通过网络来填补高级职位。亿康先达（Egon Zehnder）高管寻访顾问公司的一个合作伙伴乔恩·卡特(Jon Carter)列举了三个原因。第一,公司往往不想对外宣传他们正在找人填补一个高级职位空缺。第二,申请高级职位的人往往是成功人士,而且并不是那些主动积极找工作的人。最后,这些人希望通过个性化方式,不希望通过电脑来找工作。

尽管如此,即使对于高级职位,也可以通过互联网加速招聘进程。至少,收取简历和反馈信息可以实现电子化传递。此外,猎头公司可以很快找到候选人,反之,候选人也可以很快地了解未来雇主。乔恩·卡特描述了一个越来越常见的现象:"当我向一个候选人提到我的一位客户的名字时,他会比我还快地说出有关这个公司的信息,很快地评估这家公司,告诉我他是否有兴趣。"有了获取大量信息的途径,求职者还可以更好地准备面试。

网络招聘的未来会怎样呢?它将继续呈上升趋势,吸引更多的公司,满足更广泛的各种招聘需求。福里斯特市场研究公司的项目显示,公司来自电子招聘行业的营业额从 1996 年的 400 万美元到 1997 年的 800 万美元增加了一倍,然后在 1998 年激增到大约 5 200 万美元。我们可以期待未来的实验性与进步将展示在很多方面:譬如使简历和招聘需求更匹配的寻访代理,通过网络筛选面试,以及个人网页。

如同在其他市场一样,互联网将从根本上提高人

才市场的效率。但是,正如传真机的快速普及并没有
终结常规信件一样,网络招聘也不会取代印刷广告和
猎头公司。反而,聪明的公司会有选择、有目的地应用
不同的方法进行招聘,尽量发挥每一种媒介的最大优
势。

作 者 简 介

迈克尔·哈特斯利（Michael Hattersley）：《哈佛管理前沿》撰稿人。

梅利莎·拉弗妮（Melissa Raffoni）：波士顿的人力资产开发公司和 ProfessionalSkill. com 的总裁。研究专长：组织发展，经理人指导，以及管理开发。

希瑟·C. 利斯顿（Heather C. Liston）：《哈佛管理前沿》撰稿人。

戴维·斯托弗（David Stauffer）：《哈佛管理前沿》撰稿人。

爱德华·普鲁伊特（Edward Prewitt）：《哈佛管理前沿》撰稿人。

莉兹·辛普森（Liz Simpson）：9 本书的作者，包括《用心工作：怎样爱上你的工作之实用指南》(*Working from the Heart：A Practical Guide to Loving What*

You Do for a Living）（Random House，1999）。

柯尔斯滕·D. 桑德伯格（Kirsten D. Sandberg）：哈佛商学院出版社执行编辑，《哈佛管理前沿》撰稿人。

斯蒂芬·J. 纳尔逊（Stephen J. Nelson）：《熔炉中的领导者：大学校长面临的挑战》（*Leaders in the Cruci-ble：The Moral Voice of College Presidents*）（Bergin & Garvey，2000）一书的作者。

斯科特·D. 安东尼（Scott D. Anthony）：创新洞察管理顾问公司（Innosight）的合伙人。

克莱顿·M. 克里斯滕森（Clayton M. Christens-en）：哈佛商学院商业管理 Robert & Jane Cizik 教席的教授，以及很多书的作者。他也是与迈克尔·E. 雷纳（Michael E. Raynor）合著的《创新者的解决方案：创造和维持成功的增长》（*The Innovator's Solution：Cre-ating and Sustaining Successful Growth*）（HBS Press，2003）一书的作者。

汤姆·罗登豪塞（Tom Rodenhauser）：《哈佛管理前沿》撰稿人。

小威廉·C.哈吉斯（William C. Hargis，Jr.）：基于纽约锡拉丘兹的全美工业清洗公司科因纺织品服务公司总经理。

帕特里夏·那卡什（Patricia Nakache）：《哈佛管理前沿》撰稿人。